北京の宦官　撮影・カルティエ＝ブレッソン　1949

中公新書 7

三田村泰助著

宦（かんがん）官 改版

側近政治の構造

中央公論新社刊

北京の紫禁城略図

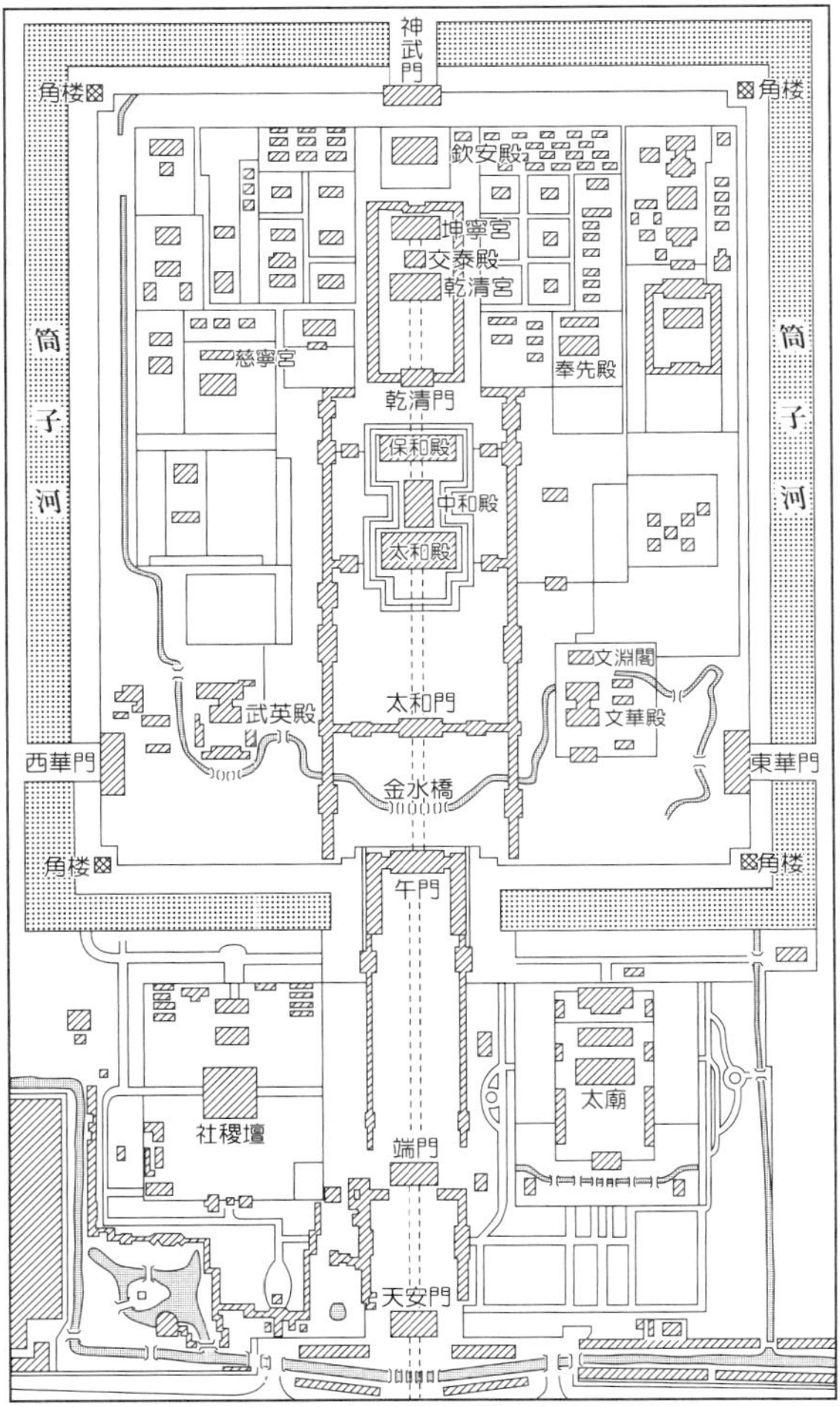

神武門
角楼
角楼
欽安殿
坤寧宮
交泰殿
乾清宮
慈寧宮
奉先殿
筒子河
筒子河
乾清門
保和殿
中和殿
太和殿
文淵閣
武英殿
太和門
文華殿
西華門
東華門
金水橋
角楼
角楼
午門
太廟
社稷壇
端門
天安門

まえがき

アジア、とくに中国の歴史において宦官《かんがん》のはたした役割は、実に大きい。それにもかかわらず、この男性失格者たちについてのべた書物や論文は意外にすくない。それにはいろいろな理由もあろうが、なによりも、この宦官ということばから感じられる言いようのないいやらしさがその一因となっているのではなかろうか。

日本で宦官について最初に論じたのは、おそらく、わが東洋史学界の巨匠で、かつ謹厳な桑原隲蔵《くわばらじつぞう》博士ではないかと思う。大正十二年に『毎日新聞』にのった「支那の宦官」という論文がそれである。博士の意図されたところは、明治時代にそだった指導的学者の一人として、西欧的近代化の旗印のもとに、それまでわが国文化形成の母胎であった中国文明からの脱却をねらったのではないかと思われる。言葉をかえると、これまで中国文化に心酔してあばたもえくぼに見えていたものを、またもとの形にかえすことであろう。そういえば、博士はこのほかに「支那人の辮髪《べんぱつ》の歴史」とか、「支那人の食人肉風習」とか、日本人には想像もつかぬ中国人の奇怪な風習をとりあげて、宦官を含めてそれらを一様に蛮行ときめつけ、一九一二年の民国革命とともにこの蛮風が廃止されたことを民国のためによろこび、一面、宦官の制度がわが国に輸入されなかったことを、わが為政者の良識として大いに感謝されているのである。

民国になって宦官が廃止されたときの情景については、橋川時雄《はしかわときお》博士が「宦官おぼえ書」（昭和三十四年）の中にきわめて印象的に描写されておられる。一九二四年（大正十三年）十一月五日に馮玉祥《ふうぎょくしょう》のクーデターがおこなわれ、清《しん》朝最後の皇帝であった宣統帝《せんとうてい》が、革命後もその居住を許されていた北京の皇居紫禁城《しきんじょう》から追いだされたときのことである。「その日の昼過ぎ、紫禁城の北にある玄武門（神武門）から、大勢の宦官たちが、行李とか口袋《カオタイ》（合財袋のようなもの）を背負ったり、棒で二人でかついだりして、女の泣くような細い声で泣きじゃくりながら出て行くのを見た」と記し、博士は過去二千年、二十五代の王朝の歴史に活躍した宦官の終末をまのあたり確認したことに、感慨をもよおしておられる。このとき宮中から出た宦官の数は四百七十人であったという。

この出来ごとが桑原博士の卓説の出た翌年のことであったことを思うと、われわれからは遠い過去の醜怪な存在としか考えられなかった宦官が、意外にも現代史的な風物であったことがわかる。民国革命後十三年をへて、なおこれだけの宦官が存在したことから見ても、中国とはまったくふしぎな国というべきであろう。

さて、この宦官は中国の特産ではなく、時代をさかのぼれば、エジプト、ギリシア、ローマ、トルコから東は朝鮮まで、地中海からアジアの全地域にわたって存在していた。そして朝鮮でも李《り》朝の末期まで中国と同じように続いていた。してみると、宦官の存在しなかったのは、世界の文明国のうちでは日本だけであったということになる。桑原博士の説のごとく、無いにこしたことはないが、それにしても宦官から見はなされたといえば、淋しい感じがするから妙なものである。その原因の詮索は別問題として、すでに諸家の指摘するように、宦官の存在が歴史的に大きな意味をもつという点では、まず中国をあげることには異論がなかろう。

清朝の歴史家は、各王朝ともその衰亡の原因が宦官にあったことを指摘する。とくに、漢《かん》・唐《とう》・明《みん》といった大帝国にいたっては、直接、宦官によって滅ぼされたと説いている。

中国では、むかしから政界の人物評価を二大別して、清流と濁流に分けるが、宦官はその破廉恥な性格のゆえに、濁流の筆頭にかぞえられるのが常であった。しかし、ふしぎなことに、このような悪の根元ともいえる宦官を絶滅すべきだと主張した中国の学者はほとんどなく、大部分はそれが必要な現実悪として、ただその力を制限すべきものと説いているにすぎない。このことは、われわれにはなんとなくふんぎりのつかぬ話である。が、少なくとも、そこに中国社会の深層に根をおろしたなにものかがあることを、われわれは十分予測することができる。

ところでこの種の問題は、中国通史といった従来の概説書のたぐいからでは、なかなか実体がつかみにくいうらみがある。宦官の場合でも、その活動が活発化してくるとき、しかも多くはそれによって政治がいちじるしく歪められたと考えられる時期を限って、そのつど、その事実経過だけが断片的にのべられるに過ぎない。しかし、四千年にわたる専制君主制と表裏して、同じように生きながらえた宦官についても、いわば歴史における陰の山脈として、それの一貫した姿をとらえて見ることの重要性を無視するわけにはいかない。こういったことから、宦官の研究は、単なる猟奇的な好奇心をこえて、中国史の重要な課題の一つであると言ってよい。

本書では、はじめに宦官とは何かということと、宦官に結びついた諸要素を説明し、つぎに宦官のもっとも活躍した漢・唐・明の時代をとりあげ、おのおのの時代を背景にした特色を指摘するように構成してみた。

なお筆者が参考にした宦官に関する研究のうち、わが国の分はつぎのとおりである。ここに謝意を表したい。

桑原隲蔵　支那の宦官　（『東洋史説苑』）

清水泰次　自宮宦官の研究（「史学雑誌」第四三編）
橋川時雄　宦官おぼえ書（「文藝春秋」昭和三十四年十二月号）
西村秀雄　古代人の性的知識（「学芸」第五巻第五号）

目　次

宦官——側近政治の構造

第一章　つくられた第三の性

宦官、この不可解なるもの

宦官という言葉は、単に去勢された男性をさす場合と、宮廷に奉仕するものと二つの意味がある。前者としては、中国では浄身《じょうしん》（汚れのない身）とか私白《しはく》、あるいは無名白《むめいはく》（官位のない民間人）という語が使われた。西洋ではギリシア語からでたとされる英語のユウナック eunuch がそれにあたるが、バイブルにもその意味で使ったものがある。たとえば『マタイ伝』十九章を見ると、

「それ生れながらの閹人《えんじん》あり、人にせられたる閹人あり、また天国のために自らなりたる閹人あり、これを受け容れうる者は受け容るべし」

と記されている。閹人というのは、宦官と同じ意味の漢語から借りてきたものであるが、この聖書の文句について興味のあることは、まず天国への献身のため、自分からすすんで男性失格を実行するものがあったことであろう。中国ではそれを「自宮《じきゅう》」という。この場合、中

国流の「浄身」という表現が文字どおり一致するものであるが、これは、あとでのべるように、天国でなくて地獄への道を歩むためのものであったところに大きな違いがある。そして、この閹人をうけいれてもよいというからには、キリストが必ずしも宦官否定論者でないことがしられよう。

ここで思いだすのは、中国の宦官のすぐれた研究家である英人のステントが、東洋諸国に広く存在した宦官がヨーロッパにあまり流行しなかったのは、まったくキリスト教のお蔭であったと言っていることである。キリスト教以前のヨーロッパといえば、ギリシアやローマであるが、そこでは確かに宦官は使われていたから、これ以後宦官がなくなったといえば、あるいはステントの言うとおりかもしれない。しかし、そこにはキリストの言い分と少しちがった印象がある。

たとえば、キリスト教以後のヨーロッパのうち、イタリアでは、カソリックの合唱隊のソプラノ歌手に仕立てるため、子供を去勢した事実があるからである。これは十九世紀後半、法王レオ十三世のときに禁止された。しかし、民間では依然として行なわれていて、ヨーロッパ各地のオペラや劇場に供給されたようである。キリストもこばまないためか、このように色欲が求道のさまたげになるというので自宮した例は教会史に伝えるところであるが、それとは別な意味で自宮した例が中国にある。

明のころ一人の秀才が、学問するのに色欲がじゃまになるというので自宮したところ、宦官のように、まつげやひげが抜けて身体が女のようになってきた。この男が高等文官試験である科挙《かきょ》にパスして進士《しんし》号の栄誉を獲得したところ、日ごろその無知のゆえに卑下していた宦官たちが、われらの知的チャンピオンあらわるというわけで、大さわぎしてこの男をかつぎだしたので、ご当人は閉口したという話が伝わっている。

それにしても、神に捧げるために肉欲のもとを絶ったのであれば筋がとおっているが、科挙にパスするために自宮することは、なんとも不可解なことである。なぜなら、元来、科挙とは名誉と富と子孫を得るもととされているからである。もっとも、神とか未来を信じない現実主義の中国人にしてみれば、進士こそは現実の天国への入口であるから、それで十分なのかもしれない。自宮してまでもそれに打ちこもうというところに、中国人の進士号への憧れと情熱が知られよう。

このように、宗教あるいは学問の上の情熱から自宮したものも、普通、宦官と呼んでいるが、厳密にいえば本来の宦官とは一応区別すべきもののようである。

西洋でも、「ユウナック」の語が、その語原として「ベッドを守る人」というギリシア語からでているように、宦官は特殊な任務をもって宮廷に奉仕するものであった。この意味で使用された宦官の活躍は、またバイブルに数多く記されている。そこにはユウナックのほかに、オフィサー（役人）、チェンバレイン（侍従）の語があてられていて、中国のそれと同じように、軍民両方にわたって高い地位をしめ、普通人に与えると不都合がおこるような職務がまかせられ、それによって大きな権力の行使者となった。

中国人はギリシア人とちがって、つぎのようにもったいぶった説明をする。すなわち、天文現象の上から見ると、「宦官」という四つの星があって帝座の西に位置している、と。

宦官星が四箇あったというのは、あとで説くように皇帝をめぐる后妃からわりだされたのではないかと思われるが、これで見ると、天界において、はじめから宦官は皇帝に奉仕するものとされていたことがわかる。そして天界の秩序は、そのまま地上の人間界に適用されてすべての現象が動かされるとかたく信じた中国人は、皇帝の側近者としての宦官をも宿命ないし天命とうけとったもののようである。もっともこの考え方は、後世になって出来あがったのであろうが、宦官の存在の必然性をかたく信じて疑わぬことだけはよくわかる。

中国では宦官のほかに、なお閹人とか寺人《じじん》という語をも使う。この言葉は、元来、周《しゅう》の時代の制度をしるしたと伝えられている『周礼《しゅらい》』にでてくるもので、閹人は王宮の守護にあたるもの、寺人は王の妾や、あとでのべる宮刑《きゅうけい》をうけた女官を取りしまるものと説明している。

ともかく、ユウナックとか宦官という言葉によって、東西に共通して、去勢した人間を宮廷、とくに後宮のために使用していたことが知られる。

宦官の起源

この奇怪な人間の創生がいつであったかということについては、今のところよくわからないが、これまでの言い伝えとしては、西洋では、一応アッシリアの美しい賢妃で新バビロニアを創《はじ》めたといわれるセミラミスにはじまったとされている。おそらく、オリエント古代の専制君主制の成立とともに起こったものと考えてよいであろう。しかし、宦官の活動が歴史の上に知られてくるのは東西とも奇妙に時期が一致していて、紀元前八世紀ごろからである。歴史の父といわれるヘロドトスは、宦官の使用はペルシア人の風習であり、ペルシア人は、普通の人間より宦官の方がはるかに信頼に価すると考えたとのべているし、同時にペルシアの宦官の忠節をほめたたえている。時代からいうと、紀元前六世紀のころであろう。

また、宦官の効用が知られ、広く使われていたことは、ギリシア人が、宦官を作って売買にのり出していることからも知られる。ヘロドトスによると、彼らは小アジア西部の古都で、バイブルではエペソの名で知られるエフィサスや、リジアの首都サルデスで、高い値段でペルシア人に売りつけたといっている。ことにこのサルデスは、宦官をつくるところとして知られていたらしい。

中国でも、ほぼ同時代の春秋《しゅんじゅう》時代には諸侯が宦官を使っていたが、彼ら宦官は政治上にも活躍し、なかには君主を殺害したり太子を讒殺《ざんさつ》したりして、はやくも禍いの張本となっていることが伝えられている。春秋時代といえば、周の王室が東にうつってからであるから紀元前八世紀以降になる。しかし、さらに古い時代となるとはっきりしない。これまでの学説では、『周礼』に宦官の制度のことが書いてあるから、周代から宦官がいたように考えられるが、この『周礼』が信用のおけない書物なので、周代説は確認できないとされている。

だが、学問の進歩は偉大なもので、宦官史上特筆すべき発見がなされた。それは中国古代の殷《いん》王朝の遺跡から発見された甲骨文字である。わが甲骨学の権威、白川静《しらかわしずか》博士の示すところによると、その一片に「羌《きょう》」という文字が書かれている。この象形文字のあらわすところは、まさしくそのものずばりで、が陽根であり、が切断を意味する。羌は殷の西方にいた今日のチベット種族である。この甲骨の一片は、殷の武丁王《ぶていおう》が、とらえた羌人を宦官にすることについて神にうかがいをたてたものであった。それにしても、なんと古代人の鮮明な造字感覚であることか。

武丁王の時代は西紀前千三百年ごろにあたるから、すでに前十四世紀に宦官が存在したことがわかるが、いまのところ、これがおそらく、文献による世界最古の宦官の記録であるといってよい。こうなると、宦官の創生はさらに古いとも考えられるし、もちろん殷の後の周代にもあったと考えてよい。中国はまず四千年にわたる宦官の歴史をもつことになるのである。

去勢の仕方

ここで、どんな方法で去勢がなされたか、二、三の例を紹介してみよう。

古代エジプトでは、手術者は僧侶であった。はじめに細い強い毛糸で性器一式を結び、剃刀《かみそり》で結んだところから先を切りとるといわれている。出血は灰や熱い油などで止められ、また尿道には金属性の棒が入れられる。その後、へその部分まで熱い砂中にうずめられ、そのまま五、六日おかれるという乱暴なもので、死亡率は六十％におよんだと伝えられている。

南インドでも同じようであったが、もう少し技術がすすんでいた。まず陶器の腰掛けに坐ったのち、事前にアヘンが使用される。性器は竹片にはさまれ、剃刀を竹にそってすべらして切断をする。傷口には熱いたね油がそそがれ、油をひたした布があてられる。被手術者は仰むけに寝たままで、乳で栄養をつけるのであるが、ほとんど失敗なく傷がいえるということである。

さて本場の中国であるが、これについては、日清戦争以前の一八七〇、八〇年代に、北京で取材した前述の英人ステントの貴重な資料があるので、それを紹介しよう。

紫禁城の西門にあたる西華門を出たところに「廠子《チャンツ》」（小屋）の名でとおっているみすぼ

らしい建物がある。それが手術場であった。ここに「刀子匠《タオツチャン》」（執刀人）とよばれる無給ではあるが政府公認の専門家が数人いる。彼らは宦官をつくることを生業としている。手術料は、一人前銀六両《テール》（約三万円）で、すっかり治癒するまでの責任を負う。もっとも自宮にくるものは貧しく、とうてい即金では手術料を払えないものが多いので、刀子匠と相談ずくであとから給料で返すものもある。しかし、どの場合でも、身許保証人なしには刀子匠は手術をおこなわない。

この刀子匠には数人の徒弟がいて、その術を習った。そのため、この職業はいわば数家族の世襲的なものとなっていた。

手術をうけるものは、炕《カン》（温床《オンドル》）に半臥の姿勢ですわる。助手の一人がその腰を、他の二人が足をそれぞれしっかり押える。ここで刀をもった執刀者が自宮志願者の前に立ち、「後《ホウ》悔《フイ》不《ブ》後《ホウ》悔《フイ》」（後悔しないか）と念をおす。いよいよという時に少しでも不安の色が見られると手術はおこなわない。もし承諾の意がしめされると、刀は一閃して、そこに宦官が出現する。

手術の方法は、まず白い紐あるいは繃帯で、被手術者の下腹部と股の上部あたりをかたくくくる。また、陽物の切断をおこなうあたりを熱い胡椒湯《こしょうゆ》で三度念入りに洗ったのち、鎌状に少し彎曲した小さい刃物で陽根、陰嚢もろともに切り落とす。そのあと白鑞《はくろう》の針、または栓を尿道に挿入し、傷は冷水にひたした紙でおおい、注意ぶかく包むのである。それが終わると、二人の執刀者にかかえられて被手術者は二、三時間部屋を歩きまわり、のち横臥を許される。

手術後、三日間は飲水は許されず、かわきと傷のいたみのため、その間非常な苦痛をあじわうという。三日たってその栓をぬくと、噴水のように尿がでる。これで成功ということになり、祝うのであるが、そういかないときは、おとずれる死を前に苦悶し、もはや誰も彼をすくうことはできない。しかし、この乱暴な方法もほとんど失敗はなく、ステントが長年の資料を調査した結果は、三十歳の男子一人が死亡しただけであるという。

手術後はほぼ百日ほどで傷がなおり、その後、王府に送られて宦官の実務を習うのである。そして一年の終わりに宮城に移され、新しい職につく。

切断された代物《しろもの》の処置について、ステントは奇々怪々な報告をしている。この代物を「宝《パオ》」というが、刀子匠はこれにある種の加工をほどこし、三合ぐらいはいる容器に入れて、密閉したまま高い棚に安置しておく。これを高勝《ガオセン》（高位に昇進すること）と呼ぶ。それはもとの所有者が高い地位にあること、つまり出世することを象《かたど》ったものであるといわれる。しかし、もとの持主か、あるいは親戚のものが返還を求めてきたときにはこれを与える。彼らもまた、同じように最大の注意をはらって「高勝」にし、出世を祈願するのである。

この「宝」を保存するのは、つぎの二つの理由による。一つは、宦官になって階級があがるときは、この「宝」を見せなければならないからである。さもないと昇進は不可能になる。この検査は、「験宝」といって宦官の長がおこなう。実はこの「験宝」が刀子匠にとって大きな利益をもたらす。元来、「宝」の所有権は当然被手術者にあるはずであるが、手術をした際、そのことに気のつかぬもの、あるいは不注意なものがいて、うっかりして自己の「宝」を要求することを忘れる。いきおい、権利の放棄と見なされて「宝」は刀子匠の所有物に帰してしまう。あとになって昇進のとき大いにあわて、刀子匠のところへやってきて、他人のもので間にあわすことになるわけだが、その金額は、多いときは銀五十両（約二十五万円）が支払われるという。もっとも、自分で所有しているものでも、失くしたり盗まれたりする場合があって、刀子匠から買ったり、あるいは友人から借りるとか、賃借りをする。まったく文字どおり「宝」の価値があるのである。

保存の第二の理由は、宦官が死んだとき棺の中に入れて埋葬するためである。この場合も代用品が許される。それは宦官たちがあの世に旅立つにあたって、本来の男性の姿に立ちかえることを望むからであった。というのは、中国人は不具であることを極度におそれ、これに加えて「閻王《ジユンワン》」すなわち冥土の王様が、「宝」の欠けているものは来世には雌の騾馬《らば》にかえて出生させるということから、閻王の目をごまかして、その運命から逃れるためである。

清代の自宮の風習は、大体以上のとおりであるが、おそらくそれは明代よりおこなわれていたものと考えてよい。

ところで、中国の古い文献には、去勢についての具体的な記事がほとんど見当たらない。ただ唐の玄宗《げんそう》のとき大乱を起こした有名な安禄山《あんろくざん》が、みずから宦官をつくりあげた記事が、唐の歴史を伝えた『旧唐書《くとうじょ》』にのっているからそれを紹介しよう。

モンゴル民族に属する契丹《きったん》人で、当時十二、三歳であった李猪児《りちょじ》というものが禄山につかえていたが、これがひとすじなわではゆかぬ悪がしこい子であった。ある日、禄山は刀をふるって、猪児に完全去勢をほどこしたところ、出血数升、仮死の状態となった。熱い灰で手当てしたところ、猪児はまる一日かかってよみがえった。そこでこれを宦官としてもちい、それ以来、禄山がもっとも寵愛し、無二の側近となったというのである。おそろしく乱暴なやり方であるが、原理的には他の例と同じである。

古代にあっても、おそらく安禄山式の方法と大同小異であっただろう。はじめにあげた中国の例のように、みずから志願して手術をおこなうのであれば、手術料を払うのであるから、それだけ技術的にも手ごころが加えられているわけだが、古代にさかのぼると話がちがってくる。あとでのべるように、異種族の捕虜に対してとか、あるいは刑罰としておこなうのであるから、情容赦なくおこなったであろうし、完全去勢、すなわち性器のすべてを除去するものであったと思われる。この場合、死亡率がきわめて高かったので、のちになるとだんだんと不完全去勢であるふぐりのみを取る場合が多くなったと伝えられている。去勢されたのちは、特有な生理的変化がおきてくる。そこに、なんじの名は宦官なり、といわれる奇妙な存在が誕生することになる。それは方向舵をとり去って波の動きのままにされた舟のような存在にたとえられよう。

この不条理な後天的受け身の性格は、庶民の生活から見れば化けものにすぎないが、複雑怪奇な人間関係に満ちている専制君主の家、すなわち宮廷に組みこまれるときわだった機能を発揮し、機能の働きをスムースにする潤滑油、さらには精巧なベアリング的役割をはたすものであった。

だが人間のなすことに誤算はある。肉体の変化はあたえたが、精神的には男性の性格を維持するものが現われたらどうなるであろうか。番犬のつもりで育ててみたら、その実、狼であったようなものである。それは悪魔の化身《けしん》である。まともな人間行為がおこなわれるはずがない。神は、おそらく人間の発明したこの不遜に罰を与えるために、ときどきいたずらをされるのであろうか。

宦官の生態

むかしから宦官という言葉はなじみが深いが、さてその正体となると、ほとんどといってよいほど知られていない。したがって、それはややもすれば普通の人間としてうけとられがちであった。だが、その奇怪な風貌や習慣について生きたイメージを持たなければ、彼らの行動、ひいては歴史の動きを理解しにくい。幸いにして、中国の宦官を冷静な眼で観察した例のステントの手記によって、ある程度その渇をいやすことができる。もっとも、それが清末のあり方であることは、あらかじめ断わっておかねばならぬ。以下、それをもとに彼らの生態の描写を試みよう。

まず服装、容貌などから見よう。宦官は「袍子《パオツ》」という灰色の長い上着と、その上に褂子《クワツ》という暗紺色の短い上っぱりを着、黒地のズボンをはくといった地味な一色の服装であった。それに宦官帽をかぶっている。歩くときは、いくぶん前かがみに小股でちょこちょこと歩くので、遠距離からでも一見それとわかるほど特徴的である。

宦官は、全体としてはなんともいえぬいやな感じの容貌をもっているが、若い美貌の持主になると、その女らしいしぐさなどから本ものの若い女が男装したような錯覚をあたえるという。しかし年をとってくると、その風貌がいたましくもおどけたようになってきて、年齢や性を忘却してしまって、ちょうど男の仮装をした老婦人とそっくりになる。それは道で不意に出会うと、まったく区別がつかないほどである。

宦官には中年からなったものと幼児のそれとがあり、前者を「浄」あるいは「貞」（けがれのない身）というに対し、後者を「通貞」（生涯純潔）という。後宮の夫人たちはこの「通貞」を好んだ。この場合、彼らはなんの仕事もなく、ただ娘のようにふるまった。何をサービスしたかは言うのをはばかるとステントが言っているから、読者の想像にまかせよう。もちろん、彼らは年をとると交代する。

彼らはすべて、手術をおこなったときから持ちまえの音声を失う。とくに子供のとき去勢された場合は、若い女性の声とほとんど区別しがたい。成人してからの場合は、ひどく耳ざわりな裏声になる。ステントはロンドンの魚市場で金切声をあげる女商人の声にたとえているが、それはどうみても聞くにたえないグロテスクな種類のものらしい。それで、役者が舞台で皇帝や后妃のそばに侍《はべ》っている宦官の役をするときは、啞が苦痛のとき出すようなうめきと、半泣きの作り声をするという。

ひげのないこともその特徴である。中国人は概して、毛むくじゃらにしておくことをほめた話ではないとしているが、宦官はみながみな、その顔にほとんどといってよいくらい毛がない。去勢すると、それまでひげのあったものでも二、三ヵ月のうちになくなる徴候が見えはじめ、だんだんと抜けて、しまいには玉突きの玉のようにつるりとした顔になる。幼時去勢の場合はまったく生えずじまいであることはいうまでもない。

いささか話がびろうになるが、年の若い宦官は、去勢のあと長いあいだ寝台をぬらす。それも手術したての間は大目に見られるが、その状態がながびくと、厳しい折檻《せつかん》が加えられる。彼らが自分でその習慣を破棄するか自然になくなるまで、それは続けられる。中国人の間で、がまんできないほどのいやなにおいを「老公《ラオクン》(宦官)のようになま臭い」というのも、ここからでている。中国人にいわせると、宦官は半里(三百メートル)も先からにおうという。

若いとき去勢した宦官はでっぷり肥ってくる。しかし、その肉はやわらかでしまりがない。もちろん力もない。そしておおかたの者は年をとるにしたがって肉が落ち、急激にたくさんのしわがよってくる。実際、年をとって肥満しているものは少ない。四十歳でも六十歳ぐらいに見えるのはそのためである。

こういった肉体の変化にともなって性格にも変化がおこってくる。ごくつまらぬことに不意に涙を流すかと思うと、人が気にもとめぬことにむやみに腹をたてる。そして怒ったかと思うと、またすぐ機嫌をなおしたりする。彼らはどんなにしても残忍ではなく、正反対に害意のない有和的《ゆうわてき》なものごしである。そのうえ自分らより強いものに尾をふって、おのれの弱さや劣等性を告げて迎合する。そうかと思うと、これと反対の者、すなわち女や子供に愛情をもち、ペットとして小さな犬をかわいがる。

また幼児去勢者は、まだ幼くて自分の意見をもたないうちに去勢されるので、成人したあかつき、自己の無能からとはいえ、思ったほどの出世もできず生涯の下積み生活を味わうと、あらためて性的不能やこのみじめさのもとを作った自分の父親を例外なしに憎んだ。しかし一方、母親には孝養をつくし、愛情をもっているのが普通であった。

彼らは傾向として非常に団結心が強く、宦官以外のものに対し、互いに助け合って立ちむかい、それは勢いのおもむくところ、闘争を展開するまでにいたる。例をあげてみよう。

後漢《ごかん》の末、外戚《がいせき》の大将軍何進《かしん》が宦官全滅の計をたてたとき、これを知った宦官の首領の一人が「我らの種族を滅さんと欲するや」とひらきなおり、進をその場で斬りころした。この言葉のうちに、いってみれば宦官族としての集団的自覚と、外界からの迫害に対する強い抵抗が見出されよう。しかしこの種の強さは、宮廷という特殊な環境にいて君主の威光と集団を背景にして発揮されるもので、ひとたび宮廷を離れ、孤独のなかにおかれると別人のように弱くなる。さきの威たけだかに何進をなじり、かつ殺した首領は、そのクーデターのあと、幼帝をつれて夜半宮中をさまよいでたが、下級官吏に剣でおどかされると急におびえだし、帝に礼拝して、「臣ら死せん。陛下よ自愛せられんことを」と言って河に身を投じて死んだのである。

総じて宦官たちは、直接にしろ間接にしろ、「欠けている」ことをあてつけるものに対しては非常な侮辱を感じて怨む。だから、もし宦官と同席した場合、尾のない犬とか尾を短く切った犬を見ても、はっきりそのとおり言ってはならず、必ず「鹿の尾」のような犬といわなければならないのである。それからまた把手《とって》のかけた茶瓶にいきあたった場合でも、何も気づかぬふうをしてだまっていなければならない。切るというときでも去勢の意味のある「割《コ》」という言葉をさけて、同義別語の「刺《ツ》」を使わねばならぬことになっていた。

彼らは習性として、例外なしに阿片を吸う。もっとも、阿片の吸入は清朝になってからの習慣であろう。皇城の近くに七、八ヵ所も阿片窟があって、彼らの常習に供されていた。さらに彼らはみな賭博にひまをつぶすことを享楽の最大のものとしていた。「賭なくして何の人生ぞや」というのがそのモットーである。

ところで、この宦官にもささやかな美点がある。第一にすこぶる正直で、ぬすみを働いたことをあまり聞かないという。その性格の一面に慈悲深いところがあって、納得がいくと、貧しい者には小金を義捐金《ぎえんきん》としてなげだした。それに、出入りする小商人にはなかなか人気がある。普通の中国人とちがって値切らないからである。それを心得た商人や職人たちが、「旦那のおぼしめしで結構です」というと、つまらない仕事にでも気前よく払うし、小さな買物には釣銭を受けとらなかった。それがまた一層好かれるのである。

それはともかく、一般的に言って、彼らは「欠けている者」であるというので、言論や態度に大きな自由が許されるし、普通の人であれば当然とがめられるような言葉や行ないでも、「たかが知れた宦官」というので見逃された。

大体、以上がステントの伝えたものであるが、おそらく宦官の基本的な性格は言いつくされているといえよう。もっとも、ここに列挙された性格は、あくまでステントが見聞した清朝の宦官のものである。そこに時代差も考慮せねばならぬし、歴史的に活躍した宦官が強烈な個性の持主であったことは、英雄、大悪人が凡人には律しえないのと同じである。

だが、ここで見られる宦官は、男でもなく女でもなく、大人でもなく小人でもなく、悪人でもなく善人でもないという不思議な存在であることに気がつく。そして、この一般的性格を一度うらがえすと、今度は逆にそのすべてでもあるから始末が悪い。このピントのあわない人間存在が、これまた君主という非情な人間と結びつくと、奇妙な関係が成立する。まともな人間の結合関係の中にこの異質な関係がはいってくると、軌道が狂わぬ方がおかしい。妙なたとえだが、精巧複雑な歯車にとりもちがついたようなことになりかねないのである。

宦官の存在理由

このような奇怪な人間を、なんのために必要としたかを少し具体的に考えてみよう。

桑原博士は中国における場合を、中国人の嫉妬心のつよさによるものとして、つぎのように説明している。

「元来、中国人はすこぶる嫉妬心のつよい国民である。そのことは儒教の経典である『礼記《らいき》』などをみるとすぐわかることで、彼らは昔から、男女間の疑いをさけるため、われわれの想像する以上に神経過敏な種々の礼儀や作法をもうけている。このような気質の中国人の間では、男女の嫌疑《けんぎ》をさけ、嫉妬心を慰安する方便として、中性の宦官を使うようになったのはむしろ当然の成行きかもしれぬ」

博士のこの説は一応もっともらしく思えるが、どうもそれだけではなさそうである。唐の則天武后《そくてんぶこう》は独裁者となったあと、精力絶倫な一人の破戒僧を寵愛したが、この僧が後宮に入りびたっているのを見て、検察官が武后に、「この僧を後宮にとどめるのであれば、去勢なさるがよい」と上奏し、その理由は「侍女の操と女官の純潔を守るため」となした。武后はこの上奏を見て大笑いをしたという。実は、この筋肉のかたまりのような僧は自他ともに許す閨房の達人で、一人の皇女がそれを満喫して武后に推薦したところ、はなはだ女帝の御意《ぎょい》にかなったという代物であったから、去勢しては元も子もなくなるというわけであろう。そう考えると太っ腹な武后が大笑いしたこともわかるような気がするが、一方では、だれのための純潔かということから、検察官のしゃくし定規をからかった点もあろう。

この場合、宦官は嫉妬心のためというよりは、後宮の純潔を守るためのものといえるだろう。考えてみると、嫉妬心は独占欲がみたされないときにでるものであるから、宦官は中国のような一夫多妻制の社会においては、ただ嫉妬心からとするよりは、違った観点から見るべき性質のもののように思える。そのことはまた後でふれることにして、桑原説が妥当性をもつのは、孔子の説く儒教が社会に浸透してからのちのことであって、少なくとも春秋戦国以前に、さらには殷、周の古代にまでさかのぼると、もっとちがった意味が見出せるようである。

元来、中国をふくめて東洋の君主制国家にあっては、後世までながく古代的な色彩が濃厚に保持されていた。したがって、宦官の場合もやはり古代にさかのぼって検討する必要があろう。これについては、さきにあげた殷墟の甲骨文字がいろいろなことを教えてくれる。

殷は祭政一致、いわゆる神政国家であって、王は神の代弁者として、その神聖さを背景に王権が確立されていた。殷王は神の啓示によって異民族の羌人《きょうじん》を宦官にしたが、同時にこの羌人は、とくに献俘《けんぷ》の儀式をおこなう際、神への犠牲に供されている。これはあきらかに征服の勝利を祖宗神に感謝し、さらにその加護のもとに勝利を祈願するためのものであったと思われる。

一方、征服した捕虜から男性のシンボルである性器をとり除くことは、他民族に対し、彼らの絶対服従を誇示するためのものであろう。相手を骨抜きにするという言葉があるが、この場合、それ以上の効果があることは疑いない。この精神はあとあとにまで残っている。前《ぜん》漢《かん》の武帝《ぶてい》のとき、西域の城廓国家の一つで、井上靖《いのうえやすし》氏の小説で有名な楼蘭《ろうらん》から王子を人質にとったが、武帝はこともなげにこの王子を宦官にしてしまった。征和元年（紀元前九二年）に楼蘭では国王が死んだので、国人がその後継者として王子の返還を申しでた。漢の方では、さすがに具合がわるいとみえて断わっている。それにしても乱暴なはなしであるが、そこには征服欲の権化《ごんげ》である武帝の、烈日のような征服者としての気魄《きはく》が見られる。

この征服と合わせて考えられることは、種族の復讐によるものであろう。ヘロドトスによると、ギリシア古代のコリントの僭主ペリアンデルは、植民都市であるコルキアの貴族の子を選んでサルデスに送り、去勢させたが、それはコルキアが彼に残虐をきわめた行為をなしたその復讐のためであったとされている。

これらのことから、宦官の第一義は異民族に対する征服の誇示であったということができるであろう。実にそれは古代人特有の残虐さと神聖な行為のいりまじった産物であった。この反面、自己の血族は絶対に去勢しないという鉄則があったのである。

しからば、この去勢した異種族をなんのために宮廷に使ったのであろうか。去勢された楼蘭の王子の身を思いうかべるがよい。身は君主の家に生まれながら、不名誉きわまる不具のゆえに、あわれにも故国にかえることができず、また言語習慣もまったくちがい、男性失格の身であるがゆえに異民族の社会にもはいれない孤独の身となりはてたのである。それは、すべての人間関係から切り離されたこの世の無籍者と言ってよい。さらに、その宦官特有な生理的変化とあいまって、そこに、人間社会に無縁な一箇の家畜的人間が出現するのである。さすがに中国は文字の国で、漢代では、宦官の刑にすることを「蚕室《さんしつ》に下す」という表現をつかっている。おそらく去勢されたすぐあと、傷をいやすため、暗黒の密閉した火気のこもった部屋で、腐臭のうちに生ける屍となって横たわっているのを蚕室にたとえたのであろう。まさに宦官こそは、本来、地下にしか安住の場所を見出しえない特殊な種族であった。

しかし、この宦官にのみ見られる人間的地位や性格こそ、実は宮廷の家長である君主に必要かくべからざるものであった。

君主ははじめ神の代弁者として発足した。もともと神と人間との関係は支配、被支配のそれであるが、この関係は当然君主と人民の間にもあてはめられ、そこに、越えてはならない一線がひかれる。神の、したがって君主の正体は絶対に人民に知られてはいけない。そこには固く秘密の扉がとざされていなければならない。もっとも、君主は神そのものでないから、人間としての営みを行なう。

だがその際、使用人として、人民のかけらも扉のうちに入れることはできない。神秘な謎につつまれてこそはじめて畏敬されるのであって、人民と接触することによって、ただの人間としての正体を知られたり、聞かれたりしてはならぬ。楽屋裏の秘事がわかっては権威がたもてないからである。それに後宮には神の資格でとりたてた宝物の数々がある。美女もあれば神器もある。それは人民の持ちえない種類のものばかりである。とすると、人民にかわってこの深宮に仕える資格あるものはだれであろうか。外界と無縁な地底の住人であり、家畜的人間である宦官をおいて、他に適当なものがありえようはずがない。

このように宦官は、君主が地上の生活を行なうとき、神の名においてつくられた制度であった。さきにあげた、帝座の西に四つの宦官星があったという説が生まれてくるのも当然のことである。

これはなにも中国にかぎらず、西方、とくにイスラム教国家の王廷においても見られる現象である。例のヘロドトスは、「君主が臣下を制することをねらってもうけた神秘的な距離の役割をする」といっている。

トルコのハレム、すなわち後宮には、その守護のため、一団の黒人と白人の宦官がおかれていた。白人宦官の長は「宮門の支配者」という意味のトルコ語「カプ・アガシイ」とよばれ、彼の許可なしには大臣たちでも宮廷にはいることができなかった。黒人宦官はもっと重用されたようで、その長は「召使いの長」という意味の「キズラル・アガシイ」とよばれた。もっとも、正式の名は「祝福の部屋の長」を意味する「ダルス・セアデット・アガ」という。

その職はトルコでは最高の官職で、その任務はスルタン(皇帝)がたてた回教寺院《モスク》の収納役であった。被征服者のうち白人より黒人を重用するというのは、野蛮人ほど忠節であるという考えにもとづいている。宗教国家にしめる宦官の位置と役割の重要さがこのなかによく示されている。

ところで、この宦官の性格が君主権の発達の変化に応じて変わっていったことはいうまでもない。しかし、宦官の秘密保持と守護という基本的性格は、東洋的独裁君主制とともに長く保持されたのであった。

君主の影、宦官

宦官族と不可分の関係にある君主の性格についても、一応ふれておこう。

これまでのべてきたように、君主と宦官との関係は形とその影にたとえることができる。それはまさに形影あいそうものであった。それにもかかわらず、むかしから影の存在である宦官には悪のレッテルがはられ、君主はあたかも被害者のように同情的に見られてきた。おそらく、これまでの多くの歴史が宦官の罪悪の面だけを書きたてた結果であろうが、それにしてもどうしたことであろう。

何進が宦官全滅の計をたてたとき、『三国志』で有名な魏《ぎ》の曹操《そうそう》がそれをあざわらって、

「宦者の官は古今にあるべきなり。ただ世主これに権寵を仮し、ついに事ここに至らしむべからず。すでにその罪を罰するなれば、元悪をこそ誅すべく、そは一獄吏にて足れり」とこともなげに言いきっている。さすがに、一代の英雄であった曹操だけに、悪の根元は君主にあることを指摘しているのである。

しかし不可解なことは、宦官の横暴が極点に達したさなかにあって、なお彼がその必要性を強調していることである。このとき、曹操はまだ宦官の率いる近衛兵の一部隊長にすぎなかった。いかなる理由があろうとも悪はのぞかるべきであるから、こうなってくると、われわれにはなんとも理解しがたい。が、実は、この理解できぬところに、君主と宦官に共通した性格があるのである。それを一言でいえば、二者とも非人間的存在という点にあるのではなかろうか。

このことについて、明末清初の大学者である黄宗羲《こうそうぎ》は、名著『明夷待訪録《めいいたいほうろく》』においてつぎのように論じている。

「原始の世に人は私のこと、各自の利あるのみ。天下の公利を興すなく、公害を除くものなし。あるもの出て、一身の利、一身の害を見ず、天下に利をもたらし、天下の害を除けり、その勤労は天下の人に千万倍せん。その千万倍の勤労のみありて、己れその利を受けざれば、必ず人情の居るを欲せず。故に人君の入りて、また去るものに尭《ぎょう》、舜《しゅん》あり。逸を好み、労を悪《にく》むは人の情なり」

君主の非人間性を指摘したなかなか皮肉な議論であるが、この非人間は、実は古く殷代に見られたように、神の代弁者としてスタートしたのにはじまる。もっとも神は、つぎの周代では天という言葉におきかえられた。神と天とどこが違うかというと、この場合の神は殷人の祖先神で、だまっていても子孫である自分らを助けてくれるという自己中心の神で、そのかぎり排他的なものである。それに反して、天は開放的でだれにでも恩恵を与えるが、その代わりうつり気であるから、それをつなぎとめるには、天の気に入るように努力しなければならない。

これは郭沫若《かくまつじゃく》氏も説くように、周人の一大発見であったといえよう。この天とか天命というのはよほど堅牢な言葉と見えて、周代以来数千年にわたってたえず新しい生命力をもって使われてきた。そしてこの時以来、中国の君主は天に責任をもたされたのである。天は地震とか日食とか、その他異常な自然現象をしめして君主に警告を発するので、君主はいつもそれに気をくばっていなければならない。

前漢のとき、丙吉《へいきつ》という宰相が宮廷からの帰途、人民がそばで喧嘩しているのを見向きもせずに牛の息づかいのみを見つめていた。あるものが非難したところ、彼は、われわれは天子を助ける責任があり、天がどういう形で警告をだすかをたえず注意せねばならぬ、いま春寒というのに牛があえぐのは異常であるから、それが天意かどうかを考えていたので、人民のささいなことにはかまっていられない、と答えた。天に責任をもつということは、およそこんな具合であった。

もっとも、かなりいかがわしい責任の持ち方もあった。唐の時、猫が鼠に乳をやって仲よく育てたということがあり、これは天がことのほかに皇帝の徳行が気にいった証拠であるというので皇帝もよろこび、大臣が百官をひきいて大祝賀式をおこなう手はずをととのえた。ところが頑固な官吏がいて、「元来、猫は鼠を食うのが天理であって、猫が鼠をかわいがるとは不埒きわまる話で、何が天意ぞや」と反対したので、祝賀式はとりやめになってしまったという話もある。

このように君主が自然の異変には熱心に心をかたむけ、天に責任をもつ理由は他でもない。その社会が農耕社会であり、農耕は一にも二にも自然まかせであるからである。適当に雨をふらせ、適当に日でりを与えることが君主の責任になってくる。それが狂って、水害、旱魃《かんばつ》がおこり、不作になると、その責任が問われる。古代満州では、その場合、君主は責任をとって位をしりぞくか、場合によっては死刑になったりした。このように君主は人間よりは自然に対するもので、そのゆえに非人間的な性格をになうものであった。そのかぎりにおいてきわめて孤独な存在であったといえる。

『元朝秘史』には、不世出の英傑チンギス・ハーンがまだ志をえない青年時代を、「影よりほかに伴なく、尾よりほか鞭《むち》なし」とのべた有名な言葉がある。このロマンチックな詩的表現は、英傑の苦難時代を物語るものであるが、そこに見られる孤独な影は、やがて彼が大ハーンとして味わうべき君主の孤独さを暗示するものではなかろうか。

また明朝最後の天子であった崇禎帝《すうていてい》はきわめて悲劇的に生をとじた。流賊李自成《りじせい》の軍に包囲された皇城には、帝をまもるものは一人もいなかった。皇帝みずから非常鐘をたたいたが、むなしい反響がこだまするだけで、広大な宮城には猫の子一匹あらわれなかった。そこで皇帝は最愛の姫に向かい、「汝はなんの因果で皇帝の家に生まれたか」となげき、姫を佩刀《はいとう》で斬り倒し、帝みずからはうしろの山で首をくくった。そのとき、ただ一人の宦官が帝に殉じた。なんと孤独なさびしい光景ではないか。

しかし、これが君主の例外なしに負うべき運命なのであり、象徴である。おのれ以外の人には上から臨むという権力関係以外の態度が許されないもの、職業の選択の自由のないもの、それが人間といえようか。そこに、一般人間のもつ愛情とか理性のよろこびを求めることは矛盾でなければならぬ。崇禎帝はそれを身をもって知ったのであった。

王朝の創始者とは、人間から非人間になった連中であった。漢の高祖《こうそ》のやったことは、まず何十万という大量の殺人であった。そしてついには戦争のへたなこの君主を勝たせた有能な家来に対し、彼らを諸侯にとりたてた上、情容赦なくみな殺しにしてしまった。黄宗羲は例の『明夷待訪録』で、「後の人君天下を目して莫大の産業となす。漢の高帝自ら己れの事業の成就せし所、弟の仲《ちゅう》と何《いず》れが多きと謂《い》う。その利を逐うの情覚えずして辞に溢るる」とこきおろしている。しかもこの殺人者は太っぱらな英傑とされているのである。

人間はだれでも善と悪の両面をもつが、そのなみはずれた性格、いわば大善人と大悪人が共存しているところに君主の性格があり、ひろく独裁者に通ずるものがある。彼らはいったん君主となると、おのれの位をねらう者を疑心暗鬼の目でみ、その子、兄弟などの肉親をほとんど例外なく殺し、追放している。この非情と孤独は、君主となるのに欠くべからざる要素であるといえよう。それはもはや、普通の人間とは言えない。そうであってみれば、君主と本質的にうまのあうもの、それは非人間的な宦官ということになるだろう。だが歴史を見ると、忠誠無比な官僚のいることが書かれてあるではないかと問われるにちがいない。これに対して、つぎにあげる例はかならずしもそうでないことを説明している。

十世紀に、広東《カントン》省にあって宦官王国の観を呈した南漢《なんかん》の君主は、「すべての臣下たちは例外なく家庭があり、当然おのれの子孫のことを考えている。だから、すべてをなげうって君主のためにつくすことができるはずがない。されば、ただ日夜したしむ宦官だけがまかしうる唯一のものである」といっている。歴史家はこの南漢の君主を暗愚であったとしているが、しかし、この感情は振幅に大小があろうけれども、おそらく名君であれ、暗君であれ、すべての君主に通じたものといえるだろう。

この点について黄宗羲は、君主にとって臣下に内外の区別があり、内臣は宦官、外臣は首相以下の官僚である、が、君主の立場から自分を愛してくれるものといえば内臣であり、外臣は所詮、君主以上にわが身を愛するものでしかないと思いこむ、とはっきりと指摘している。人間である以上、この感情はぬきがたいものであろう。愛情ばかりは理窟ではどうにもならぬものだからである。

結局、この地上高く君臨する君主と地底にうごめく宦官の間にあって、相対的な善や悪にあくせくしながら地上をはいまわっているのが人民であったといえよう。

宦官の供給源

宮廷には、一体どのくらいの数の宦官が使われていたのであろうか。中国と肩をならべうる大量な宦官使用者、イスラム教王国の場合、たとえば十六世紀にインドに君臨した強大なムガール帝国では、その数が幾千人にものぼったといわれている。

中国の場合、桑原博士の推定によると、多いときは一万二、三千、少ないときでも三千人はいたとされている。もっとも、この数字は史料によってかなりちがっているようだ。宦官の規模を明より大幅に小さくした清朝の場合でも、ステントによると、宮廷の十分な運営には三千人を要するが、現在は二千人ほどだと言っている。また中国史料でも、明の末期についてのべたものによると、女官九千人、宦官は十万人をこえ、なかには十分食物にありつけず飢え死するものがあったという。誇張もあろうが、それにしても驚くべき数で、さすがに世界最大の宦官帝国の名をはずかしめないものがある。

これらの大量の宦官はどういう形で供給されたのであろうか。もちろん、供給源は時代とともに大きく変遷していったことはいうまでもない。はじめにのべたように、宮廷の秘密保持のため、あるいは外部から陰謀の手がのびないように主として異民族からとるということは、いつの時代でも原則的にかわりなかった。

唐の玄宗《げんそう》のとき、楊貴妃《ようきひ》とともに一方の立役者であった宦官高力士《こうりきし》は、広東の南部の蛮《ばん》獠《りょう》族の出である。この方面の軍司令官が、二人の去勢した児童に「金剛」「力士」といういささかふざけた名前をつけて宮廷にさし出したところ、力士の方が利発であったため、則天武后にとりたてられたのが彼の出世のもとであった。

元《げん》朝のときは、朝鮮と密接な関係があり、とくに朝鮮出身の皇后がいたところから、当時の高麗《こうらい》国から多く宦官が徴発され、なかには朴不花《ぼくふか》のように権勢をふるったものもいる。明では、いかものぐいの永楽帝《えいらくてい》がツングース系の女真人《じょしんじん》を后妃に納めただけあって女真人の宦官がいたし、英宗《えいそう》のときには、貴州の苗《びょう》民の子一千五百六十五人を去勢し、そのうちに三百二十九人が病死したというので、さらにその分だけ買って補ったという。また雲南を征服したときも多くの宦官をつくった。実をいうと、このことは出先の司令官や目付役の宦官が独断でしたことで、あとで知った皇帝が驚いて詰問をしたところ、この蛮賊どもが将来に反乱をおこさないよう、その種族を絶やすためと答えたというからひどいものである。しかし、宦官の補給は欠くことができないから、そのままうやむやになり、将軍たちもこっそり宦官を自分で使ったりした。

だが大勢からいうと、時代がさがるにつれて、おそらく皇帝の平和主義や他民族との摩擦をさける意味もあって、被征服者を宦官にする場合はかぞえるほどしかなく、いわば宦官の発生当時の古代的形態を暗示する程度のものであった。

宮刑

つぎの宦官の供給源は、宮刑という肉体刑によるものであった。宦官といえば、すぐ宮刑を思いうかべるほどなじみの深いもので、いわば宦官供給の本命とも見られてきたものである。

宮刑というのは古代の刑罰である五刑の一つであった。この五刑がなんであったかについてはいろいろの説があるが、儒教の経典の一つである『書経《しょきょう》』によると、入れ墨、鼻切り、足切り、去勢、死刑をさすと言っている。このうち、宮刑が去勢であることはいうまでもない。宮というのは性器を意味する。この刑はまた淫刑といわれるように、原則として、男女が不義をおかして結ばれた場合に適用される。したがって、五刑のうちこの宮刑だけは、当然のことながら男と女によって刑の方法がことなっている。

不義というのは、普通にいう不義密通とはちょっと話がちがい、正式な結婚手続きをへない男女の関係のことである。正式な手続きのことを六礼《りくれい》といい、仲人があいだに立って結納から挙式までの手続きをへることであって、現在ではわが皇室の場合がややこれに近いようだ。周代は封建的な身分社会で、王、諸侯、士大夫など支配階級は、みなこの手続きによらねばならなかった。これを無視すると不義になるのである。ただし、こういう礼は庶民とは何のかかわりもないこととされ、庶民の場合の婚礼はすべて「野合《やごう》」の一語でかたづけられ、不義もなにも成立しなかった。

不義によって科せられる宮刑は、男子はいうまでもなく去勢であるが、女子の場合は、刑罰として生涯宮廷にとじこめて外に出さないようにする。男子とくらべると少し釣合いがとれない感じがするが、そのゆえか、中国の学者間でも異説があって、女のどこやらの筋を切るとか、胸腹部をたたくなど、奇怪な方法で女の入精の道をとざすことだともいっている。

宮刑は、五刑のうちでは死刑につぐ重刑となっている。宮刑の起こりは正確には断定できないが、おそらく封建的身分社会を維持するため、周代にはじめられたものではないかと思われる。

残酷な五刑のうち、死刑をのぞいた四刑は慈悲ぶかい名君といわれた漢の文帝《ぶんてい》のとき廃止されたらしい。もっとも、正確にいえば『史記』に三刑を廃止したとあることから、学者間にも二通りの説があって、三刑とある以上、宮刑はそのまま残されたとするものと、やはり廃止されたというものとに分かれていてはっきりしない。あとをうけた景帝《けいてい》は、詔を出して、死罪になったものでも本人の希望によって腐刑にすることを許されるとした。腐刑というのは宮刑の別名である。この言葉のおこりについては、その傷が腐臭を発することからきたというのと、男子が去勢されて子孫が絶えるのは、ちょうど腐った木が実を生じないのに似ているからという異説がある。この辺の事実認定は、なかなかデリケートな面があってどちらともきめにくい。

しかし、豪気そのものであったつぎの武帝は、中国の歴史の父といわれた司馬遷《しばせん》、一代の音楽の名人とうたわれた李延年《りえんねん》、御史大夫(副宰相)を父にもち顕官を弟にもつ張賀《ちょうが》、さてはさきにあげた楼蘭の王子など不世出の英才、貴人をいとも無造作にぞくぞくと蚕室に下して宦官にしたてあげてしまった。

前漢崩壊のあとをうけて後漢をはじめた光武帝《こうぶてい》は、一切の死刑囚をすべて宮刑に処することに変更した。そして歴代の皇帝はこの先例にならい、ときには反逆罪あるいは陰謀の罪あるものもそのうちに含めるようになった。

宮刑は、一応、隋《ずい》になって表面上終止符がうたれた。これ以後まったく影をひそめたかといえば、必ずしもそうとは言えず、明代になってすら、名君のほまれ高い宣宗《せんそう》はしばしば士大夫を宮しているし、変わったところでは、塩を作る人夫四十名が宮刑にされたりしている。しかし大勢としては、唐以後は宦官の供給源はちがった形をとりはじめた。

宦官の特産地

唐朝では、宦官の供給について、有史以来といってよいほどの変革をやってのけた。毎年、各地方に命じて、私白すなわち民間ですでに去勢された人間を献上させることにしたのである。これまで宦官といえば、例外はあるが、一応、表看板としては異民族の被征服者か犯罪者からでるものとされていた。だが唐では、それらとは無関係に、地方官の責任と人民の負担において宦官をとりたてるようにしたのであった。唐朝では宮廷に必要なものは、皇帝への供物ということにして現物で全国からとりたてたが、宦官の場合もその例にもれなかったのである。この非人間的なやり方も、唐代にはかくべつ罪悪感があるわけではなかった。唐代社会は貴族・庶民・賤民・奴隷など身分社会を法律で規定していたからである。

このような実情に応じて、群をぬいて宦官の供給地となったのは、福建省と、広東、広西省など唐代のいわゆる嶺南の地であった。それにはまたそうなるだけの理由があった。

唐代の嶺南の地は、内地とはことなった特別行政地域で、いわば植民地に準ずるものであった。したがって、およそ内地とは事情がちがっていて、内地で禁じられていた人身売買なども盛んであった。この風習の起こりは、この地方の原住民である蛮種族や獠《りょう》種族などの土民を捕えて売買したことにあるという。それ以来、多くの人買い業者が活躍し、ついに中国人の良民をもそのうちに加えるようになり、内地における奴婢《ぬひ》需要の供給地となっていった。

しかも注目すべきことは、広州が当時、南海貿易の中心地であったことである。そのころ、東西をまたにかけて活躍したアラビア商人がぞくぞくとやってきて、豪富をたくわえた。アラビア人はイスラム教徒であり、宦官使用については、すでにのべたように中国とならぶ大口需要国であった。彼らが次第に東へ手を拡げるにしたがい、各地の黒や黄色の宦官もこの地にもちこまれたであろうし、それと同時に、中国の人買い業者も船に乗って買いだしにでかけたに違いない。のちのことであるが、明の太祖《たいそ》は即位するとすぐ、福建や広東地方の勢力家や金持が他人の子を私白にすることについての禁令をだしたが、この私白の語に「火《ホ》者《ぜ》」という文字を使っている。これはインド語のコジャを訛ったもので、インドのイスラム教徒が私白をコジャと呼びならわしていたことに起因している。この言葉が中国語化するほどに、非中国系の宦官が広東の地に輸入されたのであった。

このような事情を考えてみれば、人種の見本市とも見られる広東の地が、唐朝の要請とイスラム教徒の進出、それに人買い業者の暗躍と相まって宦官の本場となったのも、また当然のことといえるであろう。

はたして唐末には、この地に、さきにのべたような宦官王国の南漢国がうちたてられた。この王国の建設者は南海貿易商人あがりであったが、その子孫たちは徹底した宦官信用者であった。とくに最後の王は、国政をすべて宦官にまかせ、みずからは侍女やアラビア女と後宮で淫戯にふけった。そして家臣のうちの有能なもの、あるいは文官試験の優等者など、ぜひ国家が必要とするものは、まず去勢して用いたというからあきれるばかりである。なかには進んで自分から去勢して仕官するものがあったりして、この小国には、実に宦官が二万人もいたということである。もっとも、そうなったのには、代々の君主に異常な嗜虐趣味、放蕩癖があったということもある。宦官の数も多いが、その徹底した登用法においては、この南漢が中国史上おそらく最高の位置をしめるものであろう。

嶺南出身の宦官で有名なのは例の高力士ぐらいであるが、もう一つの大量供給地、福建からは唐朝政局をぎゅうじった多くの巨頭を生み、福建宦官の威名を天下にとどろかせた。しかも、唐末から明にかけて、その伝統を牢固として持ち続けたのであった。唐のとき、福建に赴任した地方官が福建出身の宦官の墓参りをしたところ、同省出身の顕職にあった宦官たちは、奇特のいたりであると大いに徳とし、彼の地方官としての地位をすすめた。そこで世間ではその人物に「勅使墓戸」すなわち皇帝任命による宦官の墓守りというあだ名をつけたという話がある。

福建が宦官の特産地となったことについては、広東とは少しおもむきが違い、別の理由があるようである。もちろん一般的には、福建といえども嶺南地方と事情は同じであった。福建はもともと産物が少なく、しかも山が多くて耕地に乏しいから、人口を養うことができず、人買い業者のかっこうのえじきとなった。有能な一人の官吏がある女の召使いに家族のことをたずねたところ、彼女の九人の姉はみな官に奴隷として売られ、家には老母がひとり暮らしていると聞かされ、長嘆息して売買契約書をやき、彼女を解放してやったという話が伝えられているほどである。今日でも、南洋その他の華僑に福建、広東出身者が多いというのも、もともとはそれらの地では、出かせぎしなければ食えなかったからである。

宦官になることと、宦官として出世するということとは、おのずから問題が別である。宦官は官僚とちがってかくべつ学問とか行政能力が必要なわけではない。それどころか、むしろ妨げになることが多い。宦官がえらばれる基準はまず容姿であった。その理想像は、年が若く美男でしぐさがエレガント、言葉がはっきりとしてかつ美声であり、しかも打てばひびくような利口さが必要とされたのである。淫風みなぎる唐朝の後宮にあって、宦官はまず、女形《おやま》的存在であったと見なしてもよいだろう。

しかし容貌は別として、女形的立ち居ふるまいといったものは、だれでもそう簡単に身につけられるものではない。福建出身の宦官が頭角をあらわした一因は、それらの技倆に抜群のものがあったからに相違ない。それには理由があって、福建はまた男色の本場として、その名が天下にひびいていたのである。

中国では元来、男色、すなわち男の同性愛は六朝《りくちょう》よりはじまり、その盛んなときは夫婦の離婚者が続出したといわれている。福建の男色は奇習としてもっと広く風俗化していた。ここでは貴賤、老若をとわず男色に熱中していたのである。年上のものを契兄、年少を契弟といい、あたかもわが国の稚児とその相手にあたる。契兄が契弟の家にくると、家中のものは婿がきたときのように大歓迎をした。契弟が他日結婚するときは、契兄がその費用を支払う。福建では契弟がひそかに別の男と不義をむすぶことを意味する「　」という奇妙な文字が特別に作られたほどである。もし一方が思いをかけて片恋におわったりすると、相手を抱いて海にとびこんで無理心中をとげるというおどろくべきものであった。

中国の学者にいわせると、福建の男色のおこりは、彼らの別技である海賊稼業から出たものであるという。女を船にのせると海神にたたられて船が転覆するというので、男をもってその代わりとしたのがはじまりであると説明している。

この福建人の奇習が、女形的技術を彼らに習得させたことは疑いないし、それがまた宦官の出世に役立つとは、まったく妙なまわりあわせというべきである。

唐朝の宦官の徴募には強制はあったが刑罰はなかった。その結果、奴隷に身をおとすほどの貧しいものが、妙なめぐりあわせから、階級身分の厳しい社会のなかで、帝王とならんで貴族、官僚の上に君臨することができたのである。

宦官志望者の氾濫

自宮というのは、刑罰その他、官の強制によるものではなくて、民間で勝手に去勢をおこなうことである。もっとも自宮といっても、自分の、あるいは他人の幼童におこなう場合と、成人がすすんでおこなう場合の区別はある。しかし、いずれも需要供給という経済的法則にもとづいて、自由意志でおこなうことに変わりはない。

司馬遷の『史記』によると、自宮は古代からあったようである。春秋時代の覇者として知られている斉《せい》の桓公《かんこう》が、病いに倒れた管仲《かんちゅう》に、その後継者をえらぶのに豎刁《じゅちょう》はどうであろうかとたずねたところ、仲は、豎刁のように君側に近づくために自宮するというやり方は人情にそむくものであり、人物として信頼しがたいと答えたという。これは特筆すべきことであったので司馬遷も記録にとどめたのであろう。刁がこのように自宮したからには、彼こそはまさに自宮宦官の始祖と見なしてよい。

春秋以後、戦国、秦、漢時代には、自宮宦官のことは記録に見えない。しかし、だからといってなかったとはいえない。当然暗々裡におこなわれたことと思われる。とくに後漢の末には多くの自宮者がでたようである。だが、自宮が時代の転換によって公認されたのは、やはり十世紀にはじまる宋の時代からであった。

宋の時代の自宮公認はつぎのようなものであった。人民のうちから自宮を願うものは、まず兵部（陸軍省）に出頭して姓名を報告し、その後、運開きの吉日をえらんで去勢をおこなう。兵部はその日を記録し、上奏するとともに事実認定をおこない、傷の癒えるのをまってこれを後宮に納めるのである。この自宮者が正式に任官すると、自宮した日をおのれの誕生日とし、運勢を支配する星もこの日をかぎりにそれまでのと切りかえて、ここに第二の人生が出発することになる。

この公認制度とは一見あい反するが、宋の太祖《たいそ》は唐代の宦官の弊害にこりて、宮廷の宦官の数を五十人とし、人民が去勢した児童を売って歩くのを禁じた。これは、形式的な全面禁止より、数を制限することによって、宦官の弊害を抑制しようということに狙いがあったようだ。宋代では太祖の方針を歴代の皇帝が守り、一方宰相の実権が重かったので、唐にくらべると問題にならぬほどその弊害はすくなかった。それでも風流天子徽宗《きそう》のころになると、失地回復の美名のもとに帝をそそのかし、無謀な戦争をおこして国をほろぼす因をつくった童貫《どうかん》とか、梁師成《りょうしせい》という国賊級の大ものがでた。

しかしここでは、この自宮の公認があらたな時代的意義をもってきたことを強調せねばならない。

歴史的に見て、唐代から宋代にかけて、中国社会は大きな時代の転換を経験した。唐代にあった階級身分制が大幅に撤廃され、個人の自由がいちじるしくのびてきた。それと同時に富の蓄積の度合が社会的身分を決定するようになった。したがって、企業精神や現実にめざめて功利主義がおきてきた。教養を身につけたものは、国家試験にさえ通れば、身分の制約をうけずに実力次第で大臣宰相になれたのである。だから、それに無縁な下層の庶民階級は、この時代の空気を敏感にみてとって、永遠の下積みからのがれるべく志をたてたのである。それは宦官になることであった。

この気運のさらに強まった明の時代になると、「自宮して仕官を求めるのは、ただ一身の富貴をはかるのが目的である」と断言する皇帝もあり、いっそうこの間の消息を知らせてくれる。西洋の諷刺話に、金のために悪魔に影を売る男の話があるが、自宮宦官はまさにこれを地でゆくものであった。

食欲と色欲とは人間の最大の欲望とされるが、やっと食べてゆけるかゆけないかという者に、どうやって色欲が満足されよう。北京で水を売って歩く男が、いつまでも妻がないので、友達が金を出しあって妻をめとらせたところ、頭巾をぬいだら花嫁は白髪のおばあさんであったという話がある。これはまだ運のいい方で、仕度金がなければ永遠に独身でいなければならない連中が無数にいたのである。この種の男にとって、男性のシンボルにどれほどの価値があろうか。それは、影にもひとしい存在でしかない。これを悪魔に売ってみよ、一度運がひらければ実質的に大帝国を支配し、巨億の金、おびただしい財宝、かぐわしい美女、壮麗な宮殿はその掌中にあるのだ。国家試験を首席で通っても、行きつくところはたかだか内閣大学士（首相）までである。その首相を土下座させることも出来ようというもので、可能性は針の穴を通るほどにむずかしくても、望みなきにあらずである。

このように見ると、自宮こそは人間を悪魔に売る道を開いたものということができる。この悪魔的制度が最高潮に達したのが明代であった。それを裏書きするように、この王朝になってはじめて自宮の禁止令がだされた。有史以来の現象といってよい。ひさびさに漢民族の手に政権をうばいかえすことができた明は、意気軒昂《けんこう》として儒教の精神を表看板に道徳の強化をうちだしたのであった。明の行政法典である『会典《かいてん》』では、自宮を不孝の罪という名目で罰することにしている。子孫をつくっておのれの血統をたやさぬことにある。孝の基本は、父母からうけた肉体をいつも完全にしておくことが孝のはじまりであると明記されている。それにもかかわらず、すすんで孝の根元を絶つとは何ごとぞやというわけで、明では反逆罪と同じ比重をもたせ、自宮者には死刑をもってのぞみ、その一族や情を知ってかくまったもの、隣り組長、村長もみな罰するということにした。

だが、その結果はどうであったろうか。こころみに、明の中期にあたる正徳のはじめころ、自宮の実際を記した『皇明実録』の記事をみてみよう。これは政府編纂の公式な記録であるが、それには、

「今や宦官は皇帝を背後からあやつって権勢をにぎり、その恩恵は九族にまでおよんでいる。これを見て、愚民は争って自分の子や孫を去勢して富貴を夢見ている。中には、一つの村で数百人をかぞえるほどで、いくら厳禁しても、いっこうにやむけはいはない」

とある。ややもすると、臭いものには蓋をしたがる政府の発表すらこの程度であるから、実際はおして知るべしであろう。

ところで右の実録の記事を一読すると、一方で厳禁しながら、他方で自宮者を宦官に登用

していることの矛盾に気づく。この現象はあとで説くように、宦官勢力の跋扈《ばっこ》から、禁止令が実行のともなわないざる法案におわっている事実をものがたるものであろう。実録をくわしく調べると、官吏が実際には手心を加えたり、また自宮の認定を、馬からおちたときの傷の結果とか、幼時の病気のせいと言ってごまかした事実がわかる。逆にいうと、あまりにも違法が多いので、ごまかしきれないで禁止令をだしたと見られるふしもある。

くどいようであるが、この風潮の大勢を、もう一度、明末清初の大学者である顧炎武《こえんぶ》の『日知録』を通して見てみよう。

「明の景泰年間からこのかた、自宮して宦官を志望するものがあり、朝廷ではしばらくはこれを罰したが、結局はうけいれて採用した。その結果、近畿の民は、あるものは苛酷な政府の強制労働をおそれるのあまり、あるいは富貴を夢見るなどの理由から、みなこれに右へならえし、ぞくぞくと自己の肉体あるいは子孫を去勢して、宦官をとりあつかう役所である礼部におしかけてきた。これ以後、日ごと月ごとに百人千人と群をなし、ついに国家に厖大な実毒をもたらすようになった」

まず実情をうつしたものと信用してよい。この現象が社会問題に発展していったのは当然であろう。

このおびただしい自宮者の群れを目の前にして、政府は対策に困りはてた。いくら宦官の定員をましても限度があるし、自宮者かならずしも適格者ではないからである。明の末期の天啓三年に宦官の欠員三千人を募集したところ、なんと応募者が二万余人に達した。これにあわてた政府は予定人員を千五百人まして四千五百人を採用した。それでも落第者は一万五千余人という莫大な数にのぼっている。

悪魔のあまいささやきに、死を覚悟して身を売った連中が、無残にも目的を達しえないとどうなるであろうか。正徳年間、北京周辺の在籍者で採用もれの自宮者たち三千五百余人が、連名で帰るところがないから政府の手で収容してほしいと訴えでた。政府は彼らを収容する場所として、北京の郊外の南苑をそれにあてた。この地は約百キロ平方あり、果樹園や池のある広大な地域であるが、この地の収容者は、同じく正徳のとき幾万人とふくれあがり、これに要する日々の食糧は莫大な量になった。

たまりかねた政府は、北京城内にひそむ自宮者の群れをかたっぱしから田舎に追いかえしたが、もともとよるべのない連中だから帰る土地のあろうはずがない。北京郊外から河北南部の河間にいたる一帯に、失業自宮者の群れが何十人となく徒党をくみ、通行の旅人に乞食し、さては馬からひきずりおろして辻強盗をはたらくという有様であった。地方の役人は、毎度のこととて一向にとりあわず、お蔭で一番弱りはてたのは、通りあわせた一般の無力な商人たちであった。しかし、さすがは宦官志願者だけあって、乱暴といっても、相手の急所をにぎって気絶させる程度で、斷ったはったの派手なものではなかった。まことに陰にこもった話ではある。

清朝でも宦官を使ったが、その数はとうてい明とはくらべものにならない。しかし、清末に権勢をふるった西太后《せいたいこう》の時代となると、宦官史上、最後の花をさかすことになる。

この時期の宦官について、ステントは、自宮者のうち七、八割までが、幼児のとき親あるいは親戚のものが貧乏のため、または老後にそなえて貯えをうるために去勢したものであると報告している。中国では、親の命令は法律そのものであったから、子供は簡単にその命に服した。成人の自宮者は、二十歳かそれ以上になって高位の宦官たちの富貴にあこがれ、楽な生涯を送りたいとのぞんでおこなうので、ステントはこれを「なまけもの」と規定すべきだと言い、さらに自分で調べた結果にもとづいて、つぎの三つの型があることをしるしている。

二、三年前に結婚した若い男が、どうしたことか強烈に宦官になりたい欲望をもつようになり、そのため食物ものどに通らず夜も寝られなかった。去勢手術にあたって身許保証人が必要なことはすでに述べたが、親戚のものがこの気違いじみた欲望を思いとどまらせようと、みな保証人になることを拒んだので、彼は自分の手で去勢をおこなった。しかし、いかにも不器用であったため傭い手がなく、ついに自殺してしまったというのである。これはなまけものの例である。

つぎの例は、そのころ、英国公使館の前にある粛王府につとめていた宦官の話である。彼は結婚後たった一年で、普通の肉屋の使う庖丁で自宮し、自分でこの王府に職をもとめたもので、ステントが彼を知ったのは就職後五年目であった。彼はときどき一日か二日家に帰って、妻や娘と時を過ごすのをならわしとした。彼の動機は、金持の友人を見て、自分の前途や妻子、それに快適な生活を考えた結果であるという。

いまひとつの例はステントも驚嘆している種類のものである。咸豊《かんぽう》三年（一八五三年）のこと、ある貧しい男が質屋に行って、自分の上着を質ぐさにしてわずかの金額を要求したところ、主人は話にならぬとことわった。怒った男はやにわに小刀を出して、その場で自分の陽物をきりとり、帳場になげだして、それを質ぐさに三十角《チャオ》（銀三両）を要求した。驚いた主人はお上《かみ》に委細を報告したが、その結果、その男は寺に送られて十分な治療をほどこされ、かつその後王府に職をみつけてもらうことになった。

以上、自宮宦官の出現と、それらがとくに明清時代に多くあらわれたことを述べたが、ついでにその産地のことにもふれておこう。

さきに唐代宦官の特産地として福建、広東地方をあげたが、明清時代には、河北省が自宮宦官の本場となり、ことに河間の地がその中心となった。中国人に言わせると、この土地のものは宦官になるのが好きなのだと言うが、ステントによれば、はじめはやはり生活にせまられて余儀なく自宮したが、それが高価に売れることから、ついに慣わしとなったというのである。それにおそらく、いつも結束して同志または仲間を引き立てるという中国人特有の派閥関係にも、もとづいているのであろう。

第二章　後宮の住人

百二十二人の后妃

戦前のことであるが、北京の高級住宅街を歩くと、どのくらい奥行きがあるかわからないような宏壮な邸宅を見かける。実は、その内部には世界的に有名な中国の蓄妾制度が存続していたのであった。それでは、そのような世界のさらに上に君臨したかつての君主の後宮はどのようなものであったろうか。

顧炎武は宦官の弊害を論じて、結局宦官が勢力をもつようになるのは、後宮の妃の数が多いからで、君主が宦官を近づけないためには、まず女色を遠ざけるのが根本であるとのべている。

われわれから見るとあたりまえの意見であるが、中国では、数千年目にはじめてあらわれた革新的意見であった。もっとも顧炎武という人は、本妻を郷里においたまま、書物を三台の車につんで天下を放浪したという中国的独身主義者であった。その後、他国で死んでから、門弟が粋をきかして偕老同穴《かいろうどうけつ》のちぎりをさせたというくらいであるから、顧炎武は色の道にはあまり同情がなかったのかもしれない。

それでは一体、後宮にはどれほどの数の后妃がいたのであろうか。話の順序として、まずその制度についてふれておこう。

中国人によると、すべての制度は古代の聖人がつくったのであるから、それを守るべき義務があると考えていた。その制度というのは大体つぎのようなものであった。

『史記』によると、中国の開闢《かいびゃく》は五帝であり、最初の皇帝は聖人黄帝《こうてい》であったというが、さらに唐の宰相杜佑《とゆう》が著わした『通典《つでん》』によると、その子に帝嚳《ていこく》がいて、彼のとき帝座をめぐって四つあるとされる后妃星にかたどって四人の妃をおき、そのうち一番かがやいている星を正妃、あとの三人を次妃としたという。さきにあげた四つの宦官星というのは、この四つの后妃星に相応ずるものであろう。

このように、中国の皇帝は疑うべからざる自然の鉄則として、はじめから四人の妃をもつ運命にあった。そして実はイスラム教でも、四人の妻をもつことを教理に規定しているところをみると、東西期せずして一致したことになる。

理窟をならべると、この「四」という数字は東西南北をかたどる聖なる数であり、またこれを皇帝とあわせると「五」になるが、五も同じく聖数で、いずれも宇宙全体をかたどる神秘的な意味をもっているとされる。おそらく、皇帝が東西南北からの代表者としての后妃を一人ずつもつことによって、四海みな皇帝の赤子であるということになるのであろう。それゆえ、天の代理として地上を支配する皇帝はいやでも四人の妃をもつ義務があった。イザナギ、イザナミの二柱の神を祖先にもつわれわれは、ヨーロッパの影響もあるが、やはり一夫一婦制とならざるをえないが、中国人はこれとまったく無縁であったのである。

聖人皇帝の舜《しゅん》は、即位前に一農夫として妻をめとったまま、あらためてそのことを天に告げなかったというので、制度としては正妃をおかずに三人の妃だけにした。

五帝時代がおわって夏《か》王朝になると、この制度をかえ、妙な計算法からわりだして后妃をふやしていった。すなわち舜のときのものをもとに三三が九であるから、あらたに九人の妃をまし、はじめの三人をたして十二人おくべきだとしたのである。この計算法を説明すると、ここに出てくる三、九という数字は、中国人にいわせると、ともに神秘な数、つまり聖数であり、数の極限をしめすものだという。また掛け算はたがいに切れることなくつながりをもつことを意味するもので、この場合、おそらく男女の関係を象徴するものであろう。

三三が九とは、無限をはらむ三と三を掛けあわせて無限を意味する九を生みだすことで、具体的にいうと霊験あらたかな数の魔法により、数かぎりなく子孫を得たいということである。このことは、紀元前三〇年ころの漢代人が、「一度に九人の女をめとるのは、後つぎを広くし、結果において祖先を重んずることになる」と言っているごとくである。わが国の結婚式におこなわれる三三九度のさかずきとほぼ同じ発想である。

殷王朝になると、また妃の数がます。例の計算法により、三九は二十七だから二十七人まして、はじめの十二人と合わせて三十九人おかねばならぬというのである。これはおそらく、縁起をかついだ末広がりの思想からでた考えで、夏では三人チームの三組であったから、殷では九組となったのであろう。このようにふやした根拠は一体なににあるのかわからないが、つぎのような理由ではないかと思われる。

さきにあげた漢代人は、「元来、男子は五十歳になってもまだ好色の道は衰えないが、婦人は四十歳になると容貌が前よりおとろえて魅力がなくなってくる。したがって、両者の間に以前のような関係をつづけさせるのは無理な話だ」ということを言っている。これで見ると、色の道では男には定年制がないが、女は四十で一応定年に達するわけで、その場合、退職させるわけにはいかないから、定員数をふやそうということのようである。

周になるとまたまたふえて、殷のとき三九の二十七人であったから、二十七人一チームを三組の八十一人となり、合計百二十人となった。それに周では、舜のときやめた正妃、すなわち皇后をその前の帝嚳にならって復活した。したがって、例の聖人周公《しゅうこう》の書とされる『周礼』には、この等級の内わけを「后一人、夫人三人、九嬪九人、世婦二十七人、女御八十一人」と記している。

以上のべた后妃の制度は、いうまでもなく歴史的事実として存在したものでなく、漢代の礼学者がもっともらしく整理体系づけたものであろう。しかし唐代になると、これを古代の聖王の遺制であると認めて、名称はちがっているが百二十人の后妃を現実にもうけているから、けっして無視はできない。このため中国の皇帝は、制度の上からは、この百二十人の后妃のうちどれかとは寝台をともにせねばならぬ義務があった。

顧炎武と同じく宦官縮小論者であった黄宗羲は、炎武よりもっと手厳しく、このように多くの后妃をおくことを説いた『周礼』こそは、帝王に淫蕩を教えるの書であるといっている。彼は真実のまえには、神聖な儒教の経典といえども容赦しなかった。彼の結論としては、思いきって最初の帝嚳のときにまでさかのぼって一后三妃にし、残りはみな廃止せよ、そうすれば宦官もわずか数十人でたりるはずであると言うのである。しかし、彼の革新説をもってしても一夫一婦制は頭にうかばなかった。はじめの言葉の調子からみると、いささか竜頭蛇尾におわったような感がなくもない。ともかくもこの二大家は、口を大にして宦官を攻撃するが、廃止せよとは言わないところがわれわれにはなかなか理解できない。

では、后妃の実際はどうであったであろうか。漢代に例をとろう。

前漢の元帝《げんてい》のとき、有識の臣下が上奏して、

「高祖、文、景の三帝のときは、官女の数は十余人でありました。武帝のときは、美しい女をお召しあげになり、その数は数千人となり、後宮は満員の盛況でありました。天下はその風をうけて、女をとることが度はずれとなり、諸侯の妻妾は数百人にもなり、豪富の官吏や市民は歌い女を数十人も蓄えました。そのため、家庭にあっては空閨をなげく妻が多くなり、一方では女がへったため、独身男がごろごろしていました」

といっている。漢以後の王朝では、末広がりの縁起をかついだものか、増えてもこれより減るということはなかった。

有名な唐の玄宗のときは、後宮の数千が妍《けん》をきそったと言われているが、一説によると、長安と洛陽の分をあわせると、后妃四万、その盛んなこと古今に絶したという。その結果、だれを帝の御寝にはべらせるか取りあつかいに困り、すごろくで勝負を決め、最後に勝ったものがその夜を独占したとつたえられている。玄宗などはそれでも意中の人がなく、ついに息子の寿王《じゆおう》の妃をとりあげたのであった。これが史上名高い楊貴妃《ようきひ》である。

なお、唐のときの后妃の制度は後世の手本となったので、つぎにあげておく。皇后一人、夫人には貴妃、淑妃、徳妃、賢妃の四人、昭儀以下の九嬪、婕妤九人、美人九人、才人九人、宝林二十七人、御女二十七人、采女二十七人、計百二十二人。これは唐のとき、夫人の中に皇后につぐ位の貴妃を新たに加えたからで、楊貴妃は形式の上からいうと、皇后につぐ資格があったわけである。

一セットの婚姻制

桑原博士が中国人の嫉妬ぶかさを指摘されたことは、すでに述べたとおりであるが、そこでは、男と女とどちらが嫉妬ぶかいかについては別にふれていない。これはつきつめると、男女間の本質の問題に関係してくることで、正確を重んぜられた博士は軽々しく断定することをさけられたのかもしれない。その点は私も同様であるばかりでなく、実のところよくわからないので、ここでは歴史的現象の面だけをとりあげていこう。

中国人が人事のすべてを天の啓示と考えて、婚姻においても、さきにあげた杜佑の『通典』が「はじめに一人の男性（帝嚳）と四人の女性（后妃）とがあった」ということからスタートしたことに注目したい。戦前のことであるが、ある日本人が、中国人になぜ一夫一婦制をとらないかとたずねたところ、婚姻制は一セットの茶器と同じで、どこの世界に急須《きゆうす》一個に茶碗一個の組合せがあるかと逆に反問されたという話がある。一セットの思想は、このように数千年来、中国人の基本的な考えであったらしい。

そういえば中国文学には、むかしから灼熱《しゃくねつ》した男女の恋を謳歌した恋愛詩や恋愛小説はほとんど見受けられない。現実主義者であり、即物主義者である中国人は、一人の女性に妻、恋人、母、育児係、女中など一人数役を演じさせることを不合理と考え、一人一役というたてまえから一セット体系をうちたてたようである。したがって、女性の数が多いほど内容が充実してくるわけだが、同時にこの制度が権力、あるいは富力のうらづけを要することはいうまでもない。それゆえに、この制度をもつものは、その上限は皇帝、下限は中国人のいう士大夫階級、または中産階級までであった。士大夫階級とは在朝在野を問わずひろく教養階級をさし、したがって居候《いそうろう》でも妾をもっていた。それ以下は庶民の世界で、一夫一婦制、中国流にいえば匹夫匹婦の生活者の世界なのである。

さて、嫉妬が相手の独占を意味するならば、中国的体制にあっては、どうやら女性の方が本命のようである。林語堂《りんごどう》氏はつぎのような味わうべき見解をしめしている。

「蓄妾制度とともに、女が嫉妬ぶかくなったことは容易に考えられる。嫉妬は、女が身を擁護する唯一の武器だった。嫉妬ぶかい妻は、まったくこの本能の力で、夫の蓄妾をふせぎ得た」

明代の学者の著述を見ると、嫉妬ぶかい女の悪口をあくことなく書きつづけている。話題のゆたかな随筆、『五雑俎《ござつそ》』の著者謝肇淛《しやちようせい》はいう。

「孔夫子は謂う。女子と小人は養い難しと。およそ婦人女子の性佳ならざるものに、妬《と》、吝《りん》、拗、懶《らん》、拙、愚、酷、怒り易さ、多疑、軽信、煩細、忌諱《きき》、邪教崇拝、溺愛あり。そのうち、妬は最も甚しとなす。故に婦人ただ妬ならざれば、もって百拙を掩《おお》うに足る」もっとも、そういう口の下から、「婦人の才智は論ずるにたりない。色をもって主とすべしという言葉があるが、それ千古の名論である」と美人礼讃をぶっている。

ある会合で、一人がやけになって、嫉妬ぶかい細君を逆説的に弁護し、「だいたい士君子の情欲というものは節度のないものである。だから手ごわい妻をもらって金縛りになると、忍耐心が養えるというものである。諺に『老年になってはじめて嫉妬ぶかい妻の功を知る』とあるではないか」とのべたところ、だれも胸に覚えがあるとみえて、よく反駁するものがなかったという。

また謝肇淛は同じ書につぎのような意見をのべている。

「元来、貴婦人になるほど嫉妬ぶかいものであるし、妙に嫉妬ぶかい女ほど長生きする。やむをえずこの種の女と生涯をともにするに至っては、よくよくの因果というべきであろう。むかし、ある将軍が妻の嫉妬に悩まされ、刺客をやとって妻を殺そうとしたが、十本の指をきずつけたにすぎず、さらにあと三回試みたが失敗し、ついに老をともにしたとある。この嫉妬対策としては、それが軽い場合は、宋の明帝《めいてい》が臣下の嫉妬ぶかい妻に杖罰二十を加え、夫には妾を賜わって別居させたのが適切な処置といえる。重ければ、明の太祖の処分法、すなわち名将であった常遇春《じょうぐうしゅん》の妻を殺して、その肉を塩づけにして群臣に賜わったというやり方がよろしい」

中国婦人の嫉妬心のすさまじさと、男性のお手あげの状態がこのようであるとすれば、数千人の妃が死にもの狂いで艶をきそう後宮の異様さを、何にたとえることができよう。

林語堂氏の説くように、嫉妬心が男性本位の一セット婚姻制に対する女性のきりふだであるとすれば、男性は勢いこれに対抗せざるをえない。その封じこめ法の一つが、儒教の説くいわゆる婦道となってあらわれた。

儒教では、貞節、服従、誠実などを婦徳として強調する。一度とついだ娘が実家にかえると、たとえ兄弟であっても男とは同席せず、また同じ器《うつわ》でも食べないという男女わけへだての極端な規定ができた。注目すべきことは女性側からもこれの協力者がでてきたことである。『史記』とならぶ名著『漢書《かんじょ》』をかいた班固《はんこ》の妹で、その『漢書』を完成させた学者の班昭《はんしょう》は『女誡』をあらわし、女の三従四行を讃美した。三従とは、とつぐまえは親に従い、とついでは夫に従い、夫なきあとは長男に従うことである。班昭の場合、女性の裏切りものなのか擁護者かはわからないが、戦後の日本に女権尊重を主張した男性評論家などは、どうやら男性の裏切りものといってよい。

この婦道は、大体儒教の国教化と同じく漢代からおこったと考えられる。それ以前には婦人の貞節があまり重視されなかった。「父一人をのぞいた他の男性は、ことごとく夫である」というおそろしく不逞にして開放的な思想が存在したからである。

婦道によって嫉妬心をおさえるこの作戦は、大体、後漢では効果をあげたようだ。後漢の順帝《じゅんてい》のとき、貴人の位にある妃のうち帝の寵愛したものが四人いて、帝はどれを皇后にしてよいかわからなかったので、くじ引きで決めようとした。そこで大臣たちがその無定見をいさめ、選択の基準としてまず家柄を、つぎに徳行をしらべ、徳が同じであれば年齢について考え、年が同じであれば最後に容貌できめるべきだと上奏した。その結果、梁商《りょうしょう》の娘が最後の面接試験で、后妃たるものは嫉妬しない場合、子孫にめぐまれ百福がくだるという意味の名文句をのべて、見事テストに及第したのであった。

だが、それがもとで梁氏一族の専権をまねき、後漢崩壊の主因となったことは、なんとも皮肉なかぎりであった。結果からいえば、くじ引きの方がよかったのではなかったか。ともかくも婦道作戦はこのように意外な結果をもたらしたが、のちになって、唐朝では、その反動として男性がしたたかうちのめされたことは、また後でのべることにしよう。

このように見てくると、棘《とげ》にみちた薔薇《ばら》の園である後宮にあって、事務万端を処理すべきものといえば、宦官をおいてはほかにないことも理解できるであろう。

恐妻家の誕生

すでにのべたように、中国では唐、宋をさかいに大きく時代が転換したが、それにしたがい、君主も官僚も宦官も、以前とはちがった性格をもってくる。たとえば明では、官僚勢力と宦官勢力という二大政党の対立にまで発展したことは、そのことを如実に物語っている。この傾向はまた男女の関係の上にも顕著に見られる。その現象の一つに恐妻家の誕生をあげえよう。実は、ここでこの問題をとりあげたのは、とくに明の場合、宦官の対抗勢力であるはずの官僚が逆に宦官にぎゅうじられたという不甲斐なさを説明したいためである。

明の学者の説によると、恐妻家のおこりを、十世紀以後のこととしている。唐の最後の皇帝を殺し、五代の最初の後梁《こうりょう》をひらいた塩賊（私塩を販売する匪賊《ひぞく》）あがりの朱全忠《しゅぜんちゅう》は、妻の張《ちょう》氏に頭があがらなかった。妻の呼び出しがかかると、いつも中途から引きかえしたという。朱全忠についで後唐の太祖となったトルコ種族出身の李克用《りこくよう》は、妻劉《りゅう》氏をうやまい、軍国の大事はみな相談したといわれている。ここらあたりが恐妻家の元祖と見られよう。

では、十世紀以後の男女関係はどのように変わったか。まず宋代になると、あらたに新儒教主義がおこった。この主義のスローガンは、民族の危機のまえに、民族の団結と血統の永続を主張するものである。要するに、健全な家庭をきずいてできるだけ子供を生めということである。血統を絶やさないこと、それが孝の名において何ものにも優先する絶対至上命令となった。これはまさに女性の母性本能をついたものといえよう。

宋代以後、良妻賢母をモットーに、女性は嘻々として家にとじこもり、主人が妾をおくことに異議をとなえなくなった。清朝の大攻勢に南京が危うくなったとき、南京政権の大黒柱の史可法《しかほう》には子がなかった。そのため、妻はぜひ妾をおいて子をのこすように積極的にすすめたという例すらある。

この思想がいかにひろくゆき渡ったかについては、さらにつぎのような話もある。

同じく清軍によって広東のある都会がかこまれ、城中に食物がなくなったので、軍人たちは町の住民をたべることになった。まず年寄りからはじめたが、その番にあたった夫の母のため、その妻が頼んで身代わりとなって煮られたので、孝婦として賞讃された。また夫が食われようとしたとき、妻が「われらにはまだ子がなく、今夫がころされると血統がたえるから」と言って、身代わりに死んだものもあった。

考えてみると、この現象は、男性がふたたび女性を封じこむという巻きかえし作戦に成功したことを物語っている。

新儒教主義者たちは、その思想普及のためには手段をえらばなかったふしがある。その一つに「纏足《てんそく》」がある。纏足というのは、女が幼児のうちに足を布でしばって小さい靴をはかせ、成年に達しても幼児の足ぐらいの大きさにしておくことで、中国人の奇習である。壮年の日本人であれば、よちよちと危かしい足つきで歩く纏足をした中国婦人の姿を、容易に思いうかべることができる人もあろう。

この奇習は、中国では十世紀ごろおこったというのが通説である。五代南唐の官能的詩人として有名な君主李煜《りいく》が、一人の美姫に命じて絹で足をつつみ、珍宝で飾った黄金の蓮の台座で舞わしたのがそのおこりとされ、これ以後、纏足した足を美化し、「金蓮」とか「瑞蓮」と呼ぶようになった。この風習がまたたくまに中国の全女性を征服し、ついに民国時代までつづいたのである。

林語堂氏によると、纏足は、本質的にはまったく性的な意味をもち、男性にとって、危かしい女性の歩行の姿態にえもいえぬ性的魅力を感じさせ、一方、女性はこれで男性をたらしこめるというので熱中したという。そして纏足こそは、実に中国人の性的空想の最高の欺瞞《ぎまん》であるというのが林先生の結論である。われわれ日本人から見ると、病《やまい》こうこうにはいって救いようがないと思われるが、すきずきとあっては仕方がない。

新儒教主義者たちが、この反道徳的な奇習のどの点に眼をつけたかというと、答えは至極簡単で、その歩行の困難なところがねらいであった。容易に外出ができないとなると自然、家庭にとじこもることになり、男女間の交際は期せずして制限されることになるのである。事実、男子禁制の広い宮廷では、纏足すると転びやすいというので、宮廷に奉職すると纏足をほどくことになっていた。

南宋の大儒朱子《しゅし》は、中国人の徳育をひろめ、男女の距離を教える手段として、纏足を南福建に普及さすことに熱中したといわれる。このようなことがあって、纏足は、中国婦人の幽閉生活や抑圧の象徴と考えられるようになったのである。まことに纏足は、道徳と趣味とが合致し、さらに対立しがちな男女間に意見の一致を見たという珍しい例であった。

しかし新儒教主義の巻きかえし作戦にも、おもわぬ伏勢がいた。それは子供の問題である。明の戚継光《せきけいこう》といえば、倭寇を平らげて、その威名、天下にひびいた名将であり、兵法家であった。その彼はまた、まれに見る恐妻家としても知られている。そうなったのは、ひとえに子供のためであった。その事情はこうである。

彼が戦場にでて、軍法により余儀なくその子を斬った。これを聞いた夫人は怨みにうらみ、ついに妾をおくことを断じてこばもうと誓った。彼はどうすることもできず、やむをえず、ひそかに妾をかこい、十余年間に二人の子ができた。ある日そのことが夫人にばれてしまった。大いに怒った夫人は、妾と子供を存分に処分するというのである。彼は夫人に一日の猶予を乞い、急いで自分の部下である夫人の弟を呼び、つぎのように言った。

「母子とも無事なのを上策、母を出して子を内に入れるのが次策、もしわが子を殺すことがあれば、われは兵士をひきいてなぐりこみ、まずなんじの姉を、次になんじを、つぎになんじの一族をみな殺しにし、その後われは官爵をすてて逃げる。表門のところで太鼓で合図するから、はやく姉に頼め」

弟は膝行し、姉に泣いて頼んだが、上、中策ともきかず、そのうち表にはしきりに太鼓がなるので、弟は泣きわめいて、「姉が死ぬはいとわぬ、しかもわが一族が滅されてなろうか」と言ったので、さすがに姉も折れて、子供はひきとり、二人の妾は杖罰数十を加えて放逐した。その後数年して夫人は死に、さきの妾はふたたび元のさやにおさまった。世間ではさすがに戚将軍であると、その兵法のあざやかさを賞讃したという。このようにして彼は家を絶やさなかったばかりでなく、彼が戦功によって賜わった世襲職をあわせて子につたえることができた。

この戚将軍にまさるとも劣らぬ恐妻家は、近世の大思想家であり軍略家であった王陽明《おうようめい》であった。また文化の爛熟《らんじゆく》した万暦年間の宰相の申時行《しんじこう》、王錫爵《おうしやくしやく》も、白髪になってもその妻を敬った。

明代におけるこれら恐妻家の出現した原因について、同時代の学者は、彼ら恐妻家は、一応官界で名をあげたため、自己の家庭について、宮廷の奥ふかくであることないことを私語され、それによって、その誉望をそこなうことをおそれたためであったと観察している。このように、士大夫たるもの、外をおそれ内をおそれ、しかもその間、数名ないし数十名の妾を擁しながら、家名を維持するためになみなみならぬ心づかいをしたのである。

唐代以来の諺に、「あほにならなければ、またつんぼにならなければ、家長はつとまらない」とあるのは、この間の消息を物語るものである。実は、この諺を口にしたのが、唐の代《だい》宗《そう》が勲臣郭子儀《かくしぎ》をなぐさめた際であったところに興味がある。上は皇帝から下は士大夫まで、家を治めるのには一方ならぬ苦心をしたのである。中国大人の「老獪《ろうかい》」は一朝一夕にできあがったわけではない。中国料理がすべて精力増強を第一義とされているといわれているのも、その精神、肉体上のエネルギーの消費から見れば、うべなるかなである。

この気風につけこんで、利にさとい中国人の中で、たんまりもうけたものに、揚州の妾業者がある。明代の妾は揚州産が多かった。それにはわけがあって、揚州にはきわだった美人は少ないが、水のよいせいか、しっとりとした女性が多いばかりでなく、ここでは娘に行儀作法を教え、へりくだってひたすら本妻につかえるように飼育してあるため、大家のやきもちやきの細君も、揚州産だけは大目に見たというのが大いに売れた原因であるとされている。

恐妻家によって象徴されている明代の官僚の気質は、せんじつめてみると、大半が利己的な出世主義者とみなされても仕方がない。当時の官僚評に、「蟻はなまぐさい肉に集まり、蠅はくさいものにたかる。今の仕官はみなこの類だ」とあるが、これでは君主をさしはさんで宦官に対抗できたとはとうてい考えられない。

紫禁城の内奥

宦官が宮廷にあってどういう任務をはたしていたかは、はっきりわからないが、組織のもっとも整っていたと思われる明代の宦官のそれについて見てみよう。

まず、皇帝のすまいである紫禁城（巻頭の略図参照）の説明からはじめることにする。北京は内城、外城に分かれているが、その内城のうち、今日、門前の広場で国慶節、メーデーなどがおこなわれるので有名な天安門（明代では承天門）を正門あるいは南門とし、北は北安門、東西はそれぞれ東華、西華門と、この四門をもつ南北三キロ、東西二・五キロに及ぶ方形の区画を皇城というのである。明代では、人民は皇城内にはいることは禁止されていた。

この承天門（天安門）をさらに北に行き、端門をこえると、世界最大の城門といわれる午門がある。これが紫禁城の正門にあたる。紫禁城は南北一キロ、東西〇・七六キロあり、その外側に筒子河《トンヅホ》という大きな濠《ほり》がめぐらされてある。

一般の官吏は、平常は紫禁城の内にはいることができず、事があって上奏にいく場合でも午門のところまでである。このような遮断を中国人は、中外を懸絶すること天と人ほどのへだたりがあると言っているが、あながち誇張とはいえない。臣民とのへだたりはその距離が象徴している。

明では午門に行くのに、官吏は天安門の東西にある左右長安門からはいり、それ以後午門までは、降っても照っても一キロ以上の道を大臣以下みな歩いていく。万暦年間のがんこな老宰相沈鯉《しんり》は病みあがりのからだをおして歩き、ためにしばしば転倒し、世の同情をひいたと伝えられている。独裁君主の冷厳さを物語るものであろう。

この午門を一歩はいると、黄色の瑠璃瓦をふいた屋根をいただき、白色にはえた三層基壇の大理石の上に、いくたの極彩色の木造宮殿が輪奐《りんかん》の美をほこって立ち並んでいる。人はその偉観にきもをうばわれる。それは世界帝王の座であることを思わせるに十分である。その中心は皇極殿、またの名は奉先殿で、ここで元旦、冬至、万寿の三大節および国家の大慶の式典がいとも荘重におこなわれ、文武百官は威儀を正して参列したのである。

宮殿をさらに北に行き、午門からおよそ〇・六キロのあたりに乾清門《けんせいもん》がある。これを中心として、東西に壁をつらねて紫禁城は二つに分かれている。清では、乾清門より北の区域が皇帝とその家族の私生活の場所で内廷といい、乾清門の南から午門までを外廷とよぶのである。紫禁城の建物の総数は、宮殿、楼閣から門まで含めると七百八十六棟あったといわれる。

この広大な城内には、だれとだれが住むのであろうか。

まず、外界のものとしては、内閣大学士が午門の東側に宿直している。定員は三、四名である。官僚最高の地位にある宰相もここでは門番格であって、正式の住人とはみなされない。

正式の住人は家長である皇帝と、皇太子、未封の皇子で、「男性」はこれだけである。しかし皇子たちも、王号をもらうと、例外なく邸宅を賜わって地方都市に追いだされる。あとは后妃と女官と宦官であった。内閣大学士が皇帝に会うのは限られた日数と時間であるから、皇帝の公私にわたる用件を、日夜起居をともにする宦官が遂行するのであれば、彼らが権力をもたない方がおかしい。

唐の玄宗を、宦官高力士は大家《ターチャ》（ご主人様）と呼び、帝は力士を「我が家の老奴」と呼んでいる。明では、皇后は皇帝を内宅《ネイチャイ》と呼び、宦官は皇帝をさして万歳爺《ワンスイイエ》、后妃を老娘々《ラオニャンニャン》（老奥様）あるいは娘々《ニャンニャン》と呼んだ。一般の家庭の用語が使われているところに、その親近の情がうかがわれるではないか。黄宗羲の言葉としてさきにあげた宦官を内臣、官僚を外臣といった差別語は、深く人情にもとづいているのである。

ついでに宮廷の台所費について少しふれておこう。経済はすべてに優先するからである。明では、国家財政と宮廷財政とは一応区別されているが、天子所有の銀である金花銀の一年の使用額は九十六万九千余両で、ざっと百万両。それに光禄寺（宮内庁）から送られる宮廷費が二十四万両ある。当時米は一石が一、二両であったから、今の物価に換算すると、銀一両は五、六千円として、銀だけで約六十二億円になる。これで一切の費用をまかなうかというと、とんでもない話で、国土は皇帝の所有物であるから、紫禁城内のすべての建築修理は人民が負担し、その他、上供《じょうきょう》と称して多くの現物が献上されるのである。

話はこまかくなるが、一年の薪が二千万斤（約千六百万キロ）、かた炭が千二百万斤（約九百万キロ）、カーテン、絨毯《じゅうたん》の類が年に銀二万八千余両といったところである。これが、奢《しゃ》侈《し》をほこった明末の万暦年間になると、後宮でつかう一年のお白粉代が四十万両（約二十億円）、饗応費が二百万両（約百億円）といった調子で、およそ桁ちがいに増加している。さらに、王子の結婚費用には二千四百万両（約千二百億円）もいることになっては、皇帝みずから金の工面にのりださざるをえなかった。そのとり立て役は、いうまでもなく宦官であった。

宦官の職務

この広大な宮廷にあって、厖大な数の宦官たちはどのような働きをしていたのであろうか。さいわい、明末の有識の宦官 劉若愚《りゅうじゃくぐ》が宮廷の内部のことを詳しくつたえた『酌中志《しゃくちゅうし》』があるので、それを参考にしよう。その説明は、おのずから絶大な権力をもつ独裁君主の内廷生活をあきらかにすることになる。

明の制度では、宦官の職務はその所管の内容から十二監、四司、八局に分かれていて、それをひっくるめて二十四衙門《がもん》（役所）というのである。そのうち、影の内閣として知られた司《し》礼監《れいかん》と外局ながら秘密警察機関であった東廠《とうしょう》については、あとでまた述べることにしよう。

〈内官監《ないかんかん》〉国がおこなうすべての土木、建築をつかさどり、また皇帝のつかう銅、錫《すず》、木、鉄の器具をととのえる。そのため地方に多くの出張所があり、各地の王の住居である藩邸、帝后の陵墓の修理をもおこなう。

安南人の宦官に、建設事業に秀でたのがいて、北京の城池、すべての城門、宮殿などの事業を担当し、これらをみなやりおおせたという。しかし、建設や土木工事には汚職がつきものので、ここは宦官のもっとも利益のあるかせぎ場所の一つであった。天啓元年に慶陵の工事費として、皇帝の手もとから金五十万両が下附されたが、そのうち八万両は宦官が着服した。世評によると、宮廷用建物建具の類の値段は民間の数百倍といわれた。たとえば乾清宮の衝《つい》立《たて》を一枚修理させたら銀五千両かかったが、宦官はこれでも不満であった。というのは、この値段には外省の役人と工匠頭のぴんはねがふくまれていて、宦官の利益がそれだけ少なかったからである。

〈御用監《ごようかん》〉皇帝専用の屛風、調度品、椅子、テーブル、象牙、花梨《かりん》、白檀《びゃくだん》、紫檀《したん》などから雙六《すごろく》、棋盤、かるた、螺鈿《らでん》細工、堆朱《ついしゅ》などを製作する。ここも宦官のふところを肥やすところである。

〈司設監《しせつかん》〉皇帝が巡幸する折の鹵簿《ろぼ》の儀仗、幔幕《まんまく》、坐ぶとん、宮殿用の冬夏の簾《すだれ》、雨合羽、傘などの調度品を製作する。これは手間のかかるわりにもうけがないところとされている。

〈御馬監《ぎょばかん》〉馬や象をとりあつかう。宮廷には雌象が九頭いて、それぞれに小屋があり、飼育のための草場を城外に設けてある。都の南北にも馬小屋があるが、大逆、陰の皇帝と目された宦官魏仲賢《ぎちゅうけん》はそこに城楼を作って酒をのみ、夜になると花火をあげて楽しんだという。

〈神宮監《しんきゅうかん》〉紫禁城のそとの端門の東に、太廟、つまり皇帝の歴代のみたまやがある。平常は二、五、八、十一月の一日に皇帝が参拝する。この太廟の清掃と、香や燈火をかかげるのが務めである。ここでは犬を飼うのは禁令になっているが、禁をおかして犬を珍愛した宦官がいて、見つかって危うくくびになるところを、千金の賄賂《わいろ》をつかって内密にしてもらったという話がある。

〈尚膳監《しょうぜんかん》〉皇帝の先祖が祀ってある奉先殿への一日三度の供膳、宮廷内の食事、宴会のことをつかさどる。皇帝の食事は、宦官の総元締である司礼監、筆頭書記官である掌印秉筆《しょういんへいひつ》、東廠の長官の三頭目が、毎日交代で自分らで作ってさしあげることになっている。

元来、帝の食事は宮内庁である光禄寺からはこぶことになっているが、経費が国初に定めたままなので品物がわるく、それに遠くからはこぶので冷めてまずかった。ところがある時、近侍の宦官が腕によりをかけて食事をさしあげたところ、帝はうまれてはじめてうまいものを食べたとよろこび、これ以後宦官が仕度をするようになったということである。ある宦官は自分の別荘を売って帝の食事をつくったが、たった一日分にしかならなかったと伝えられている。したがって、権勢のあるこの三巨頭でないと、とうてい帝の食事はまかないきれなかった。天啓帝《てんけいてい》のときには、乳母であった客《かく》氏がこれに加わった。

昔から、中国人は日常生活の向上が文明の重要な要素と考えたから、料理法も無類に発達した。その本家である宮廷にあっては金や材料にことかかないから、宦官たちは第一級の食通であり、味の芸術家であった。たとえば御酒房では、三年以上の古さをもつ紹興酒の一種の竹葉青酒とか奈良漬をつくるが、とくにわが大徳寺納豆と似た「乾豆豉《カントウシ》」は民間では得られない珍味といわれ、またお菓子をつくる甜食房製《てんしょくぼうせい》の「絲窩虎眼糖《スーウオフーイエンタン》」は天下の絶品とされた。これらはみな宦官の創意にかかるものである。

〈尚宝監《しょうほうかん》〉皇帝使用の印をつかさどる。印はほとんどが玉《ぎょく》でつくられるが、一年間に三万個あまりつかうというから驚くべきものである。われわれ日本人の社会生活のすべては、はんこに始まってはんこに終わるといってよいが、この印の使用は、みな中国からならったものである。

さすがに本場の中国では「印」は皇帝の象徴で、伝国の玉璽《ぎょくじ》などと称して、前王朝の玉璽を手に入れたものが本ものの皇帝として通用するというありさまで、わが三種の神器に匹敵し、すべての権力秩序は印の有無にかかっている。この玉璽をもっているために、皇帝が威張っていられるという印象すらある。はんこ専門の役所があるゆえんである。

一個の印を押すのには、随分な手間をかける仕組みにしてある。玉璽はみな女官が保存して、使用するときは、外省の尚宝司から使用許可の公文書をもってまずこの尚宝監に提出し、ここの宦官がそれを女官に見せて、うけとって押すという手続きをへなければならない。

〈印綬監《いんじゅかん》〉　華族の爵位授与の辞令、公文書、割り符を保管するところ。

〈直殿監《ちょくでんかん》〉　名前はいかめしいが、皇極殿をはじめ外廷の公式用の宮殿の掃除をおこなう。もっとも重労働を要するつらいところとされている。

〈尚衣監《しょういかん》〉　皇帝着用の礼服、日常衣、下着、冠、靴をつくるところ。ここではつぎのようなことがあった。

万暦帝《まんれきてい》愛用の真珠をぬいつけた御服が紛失したことがあり、帝は怒りに怒った。嫌疑をうけた係の宦官三人は互いに罪をなすりつけあったが、そのうちに一人が急に死んだので、死人を犯人にしたてあげてけりをつけた。その実は、帝の寵愛した女官が盗み、女官づき宦官を使って外部に売らせたのであった。

〈都知監《とちかん》〉　皇帝が外廷にでるとき、道をきよめ、警戒の任にあたる。冬などは凍りつくような寒さをしのばねばならないので、最低の官とされている。

以上が十二監であるが、つぎに四司についてみよう。

〈惜薪司《せきしんし》〉　宮廷使用の薪や木炭を取りあつかい、また宮廷の溝の泥さらいや、冬期の火災予防のため水槽に水をおくことを任務とする。宮廷専用のかた炭は炭酸ガスが多く、乳母が寒さをいやがって多量にたくため、皇子や皇女たちがしばしば窒息して死んだという。

〈鐘鼓司《しょうこし》〉皇帝が外廷にでかけるとき、はでな服装で音楽を奏しながら前導をつとめる。それに端午《たんご》の日の闘竜舟とか年の暮の追儺《ついな》とか、日月食の厄除《やくよ》けの太鼓たたきも職掌としている。また、この係は各種の演劇をおこない、そのため定員二百名という大人数の学芸官がいる。

演劇としては、たとえば秋の取入れ時、稲刈りの場面の演出をする。宦官たちが百姓夫婦や係の役人に扮装して、税のとりたてやその不当を訴えるしぐさなどをする。これは皇帝に農業の労苦を教えるためのものとされている。

影絵芝居もある。一回十余人がくみ、百回あるが、主に笑い話の類である。

雑劇（唄入り芝居）。世間のだまし合いの物語、無知な男女や商人のいざこざのやりとりなどを演出する。

人形芝居。夏の昼におこなう。人形の大きさは五十センチぐらいで脚がない。舞台を横にしきってあやつり台をつくり、使い手が見えないようにしてある。台には水族館をはめこみ、涼味をさそうという凝り方である。外題は『三国志』の「孔明七たび放ち七たび擒《とら》えること」とか、『西遊記』の「孫行者竜宮での大格闘のこと」といった類である。

天啓帝は武劇が好きで、南宋の忠臣岳飛《がくひ》の物語を多く上演した。この劇中、瘋和尚《ふうおしょう》が奸臣の秦檜《しんかい》をののしる段になると、いつも帝のそばに侍る大悪の魏仲賢がこっそり姿をくらますというので、大笑いになったという。女官や宦官たちは芝居を見て、他愛なく笑ったり泣いたりしたということである。

〈宝鈔司《ほうしょうし》〉名前はいかめしいが、実は宦官たちの使うちり紙を作るところである。皇帝使用の分は内官監でつくり、厠係《かわや》にわたすのであるが、万暦帝は杭州産《こうしゅうさん》の上紙を使った。

〈混堂司《こんどうし》〉これは宦官のための入浴場であるが、のちになると廃止同様になった。というのは、商魂たくましい僧が皇城の外にある仏寺で宦官専用の銭湯をひらき、宦官の試験におちた自宮人を三助にやとったところ、これが大当りに当たって宦官たちはみなそこに出かけるようになったからである。

八局のうちでは、つぎの二局が注目に価する。

〈兵仗局《へいじょうきょく》〉ここでは刀、鎗《やり》、甲冑《かっちゅう》、弓矢などの武器を作っているが、とくに各種の火器は神器と称した。火薬局もここに属している。明では火器だけは宦官が取りあつかい、戦争のときは、火器軍は一般の軍隊にないので宦官がひきいて行く。明廷が宦官を信用し、重視した例の一つである。

〈浣衣局《かんいきょく》〉この役所だけは皇城内になく、内城の北西にあたる徳勝門の西におかれた。ここには女官の年老いたもの、あるいは罪で退けられたものがおかれ、いわば終生飼い殺しにするところである。魏仲賢とくんだ大悪の乳母客氏はここで笞《むち》でうち殺された。官女を飼い殺しにするのは、ひとえに宮廷内部の秘事が外部にもれることを防ぐためであったといわれている。

そのほかの六局は、皇帝が臣下に賞としてあたえる各種の形をした銀をつくる銀作局《ぎんさくきょく》、宦官のかぶる帽子をつくる巾帽局《きんぼうきょく》、同じく冬、夏服をつくる針工局《しんこうきょく》、皇帝と宮廷で使うどんす、絹類の染色をする内織染局《ないしょくせんきょく》、宦官、女官用の酒、うどん粉をつくる酒醋麪局《しゅそめんきょく》、野菜をつくる司苑局《しえんきょく》がある。

以上がいわゆる二十四衙門であるが、このほかに無数にある帝室倉庫の係、時刻係、内城の門番から猫の飼育係にいたるまで、小さい部課まであげるときりがない。

これで見ると、広大な紫禁城は人民の世界から隔離された別天地であり、そこにいる無数の宦官たちが帝王生活に必要なあらゆるものをつくりだし、演出し、運営している状況がしられる。彼らの最高の官は十二監の長である太監《たいかん》で、正四品の官であるから、外省にくらべると各省の次官につぐ高いものである。前身は栄養失調の貧民の子、はては極道者、無頼漢、犯罪人であったものがこのような高い地位に任命されたのである。明代の学者は、城外に散歩に行くと、掃除人夫が数十人も働いている壮麗な花園があり、どこの貴族の別荘かと思ってたずねると、車ひきの人夫頭である宦官の別荘であることがわかり、憮然《ぶぜん》としたと記している。自宮者がわんさと押しかけたのも理の当然であろう。

しかし宮廷に奉仕した宦官がみな成功するわけではない。肉体労働にしたがい、ついに一生人夫で終わるものも無数にいる。この労働に従事する宦官を「浄軍《じょうぐん》」という。

なお付言すると、宦官ははじめて宮廷に入ると、まず有力な宦官の配下に組入れされる。これを「名下《めいか》」というのである。

敬事房太監

君主と宦官の間に見られる親近感は、すでにのべたように、とうてい外臣とのあいだには見られない種類のものであった。それが君主と私生活を共にするところから出ているということはいうまでもない。

安禄山の寵愛した宦官に李豬児がいたことはすでにのべたが、その禄山は、晩年肥満して目方が三百三十斤（百九十五キロ）になり、太鼓腹が膝までたれていた。彼が帯をしめるときは、三、四人の附人が手助けをし、附人の二人はその巨大な腹をもちあげ、宦官の豬児が頭でそれを支えている間にしめたという。また、禄山は玄宗から清華宮の湯泉にゆあみをたまわる光栄に浴したが、このときお供して着物のきせかえをてつだったのも豬児であった。

姦雄《かんゆう》禄山が彼に身心をまかせきった信頼のさまがこれからもうかがわれる。のちに禄山はその点を利用され、息子慶緒《けいちょ》にそのかされた豬児によってその巨大な腹を切られて殺されたのであった。

こういう人情の機微をついた微妙な関係は、夜の世界における行事によって一層緊密さを増すことになる。

明では皇帝の閨房のことをつかさどる所を敬事房といい、その長を敬事房太監といった。これは、もっぱら皇帝と后妃との夜の関係を処理することが任務である。

まず皇帝が皇后と交わったときは、その年月日を記録にとり、受胎の場合の証拠にする。妃の場合はこれとは異なる。日ごろ帝のお気に入りの妃には、それぞれ緑頭牌といって先の方を緑色にそめた名札が作られている。皇帝が晩餐をとるとき、敬事房太監がその名札を十余あるいは数十枚、大きな銀の盤にのせて食膳と一緒にもってくる。帝が食事をおえるとき、太監が盤をささげて帝の前にひざまずき、その指示をまつ。帝にその意がないと、ただ「さがれ」と言うが、意が動けば、帝がみずからその名札を一枚とってうらがえしにする。するとと太監は、さがって別の太監にその札をわたす。彼は伽《とぎ》をつとめる妃を帝の寝台に送ることを任務とする。時間になると、彼は妃を裸にして羽毛でつくった毛衣につつみ、背におぶって寝台の所までおくりとどける。

このあと、太監と敬事房太監は寝室の外に立って一定の時間のあいだ待っている。きまった時間より長びくと、太監が大声で「是時候了《シーシーホウラ》」（時間でございます）と叫び、帝が応じないと、また同じように叫ぶ。このようにして三度くりかえし、三度目にはさっさと妃をつれてかえる。同時に、帝に伽をつとめた妃に子供をうませるかどうかについてお伺いを立て、帝が無用といえば避妊法をほどこし、「とめおけ」といえばそのままにして記録にその年月日を記し、後日の証拠にするのである。皇帝の子を生む場合とそうでない場合とでは、あとになって妃の身分の上に大きな違いがでてくる。

明では、この制度がいつから定制化されたかわからないが、清朝でもこの制度をそのままうけついでいた。それは、清の世祖《せいそ》が、この制度が強制をともなうことによって子孫が本能に没入することを防ぐ良法と考えたからであるとされている。同時に、そこには独裁君主制における皇位継承の配慮が周到になされているといえよう。もっとも清朝でも、離宮の円明園においてはこのような窮屈さがなかったので、乾隆帝《けんりゅうてい》はしばしば息ぬきにでかけたという。

後宮においては、皇后の発言権が認められていることも注目すべきことである。皇帝は気分のおもむくままに后妃の部屋を訪ねることはできない。この場合は、まえもって皇后からその妃に皇帝がでかけることを知らせた文書がとどけられる。そして、この文書に皇后の印がないと無効であり、もしこの通知書がきていないと、皇帝がおとずれてもその妃の部屋にはいれない。

このように皇后に拒否権があるのは、臣下の正夫人と同様であった。

明の中興の祖とされる名君孝宗《こうそう》は別に妃をおかなかった。王族や臣下がそれを心配して、少なくとも古制のとおり十二人の王妃をおき、子孫を多くする配慮がなさるべきを上奏し、帝もそれに賛成したが、まったく皇后に制せられてついに実現しなかった。だから、歴代の皇帝の陵には王妃も埋葬されたが、孝宗の場合は夫妻のみであった。明の学者は、「まことに仙人のようで、千古にないところである」と、ほめたような軽蔑したような言い方をしている。

また、宦官は皇帝の性教育にもあたった。明の内廷には歓喜仏が数体まつってある。この仏像はラマ教の秘仏で、男女の仏、あるいは仏獣の交接の状態をそのまま具象化したきわめて奇怪なものである。明廷では仏教、道教、ラマ教の道場がそれぞれ設けられ、宦官の道士、僧侶が奉仕している。皇帝や皇子たちが結婚の式をあげるときは、宦官がこの歓喜仏殿に導いて礼拝させ、この秘仏を撫して性教育をほどこすのであった。

君主と宦官のこのような関係は、実に君主が幼年のころから始まっていた。皇子として乳母の手をはなれると、それ以後の教育、たとえば言葉、飲食、歩き方、礼儀作法など、すべてが宦官の手にゆだねられる。学問もまた同じであり、皇子は宦官と共に成長したのである。

明の武宗《ぶそう》は放蕩無頼で、臣下のだれにも耳をかさなかったが、太監の王偉《おうい》の言うことだけはきいた。それは王偉が幼少のころから武宗といっしょに育ち、机をならべて学問をうけたからである。帝は彼を伴々《パンパン》（仲間）と呼び、名を呼ばなかったといわれている。この関係は漢代より連綿としてかわることがなかった。

横行する女官

内廷において、宦官とならぶ一方の存在は女官であった。その動きは表面にあまり現われないが、宦官といえども女官と組まなければ、やはりその力を十分に発揮することはできない。

女官とはいえないが、皇帝の幼児に乳をあたえる乳母の存在はもっとも重視する必要がある。清朝の史書に、皇室に骨肉の情がないことを指摘しているように、皇帝の幼い時の思い出は、往々にしてその乳母につながる。彼女を慕うことは人間の至情であろう。したがって、育てられた皇子が即位すると乳母が後宮にはいり、宦官と結んで絶大な権勢をふるうようになったのである。古くは、危うく帝位をうしないかけた後漢の安帝《あんてい》を救った乳母王聖《おうせい》、ちかいところでは、さきにあげた明の天啓帝の乳母客氏などは、そのもっともいちじるしいものであり、これまた漢代以来絶えることがなかった。

女官も甲羅をへた古狸になると、大変な女になる。

明代では、公主（皇女）が降嫁すると宮廷内の十王府にうつり住み、同時に執事として老女官がつけられる。これを管家婆《かんかば》と言う。一方、婿の方は駙馬《ふば》とよばれ、明では原則として美貌の持主の庶民、それに金持、あるいは軍人の子弟がえらばれる。これが皇城の長安邸から公主のお召しによって通ってくるのであるが、その間、最大の難関となるのがこの管家婆である。この老女官は、駙馬を軽蔑して奴隷のようにとりあつかったばかりでなく、彼女の取次ぎなしには会うことができなかった。そのため、駙馬は毎度この老女官に数万金のつけとどけをしなければならなかった。

万暦帝と同腹の妹の駙馬は、つけとどけがたりないために会えず、ノイローゼになって死に、公主は生涯やもめ暮らしをつづけた。

また万暦帝の溺愛した公主が、ある日駙馬を召入したが、そのときこの老女官に取次ぎをたのまず直接にはいっていった。というのは、この老女官が相愛の宦官を相手に酒宴のまっさいちゅうであったからである。あとでこれを知った老女官は大いに怒って、酔に乗じて駙馬をおいかえし、公主の言いわけにもののしりかえすという有様であった。憤慨した公主は、翌朝、母の妃に訴えたが、それより前に管家婆が讒言したので、母妃から逆に叱られた。一方、婿の方は申しひらきに参内《さんだい》したところ、まちうけていた前記の宦官とその一味のために袋だたきにあい、血まみれになってはだしで逃げかえった。さらにそのあと、婿殿はふとどきのかどをもって大学に送られて修養させられ、そのうえ三ヵ月間、宮廷へのお出入りを停止された。女官は別の職に転任、宦官はとがめなしということであった。

これらのことは、公主が絶大な権勢をふるった漢、唐にくらべると隔世の感がある。明の女官のこのような暴挙も、宦官勢力と組んではじめて出来ることであった。そしてその非行の頂点をいくものに、世宗《せいそう》殺害未遂という空前の事件があった。唐代に皇帝が宦官に殺されたことは有名な事実であるが、女官が暴力をふるって皇帝を殺そうとしたのは、おそらくこの事件だけではないかと思われる。

世宗殺害未遂事件というのは、嘉靖《かせい》二十一年（一五四二年）十月のある夜、女官たちが突如、睡眠中の世宗の首に縄をかけ、口を布でふさぎ、数人が世宗の腹にのって帝をしめ殺そうとした事件である。帝はまさに息をひきとる寸前にあったが、外で帝の嘔吐の声をきいて皇后がすぐさま衆をひきつれて飛びこみ、ようやく事なきをえた。このとき、失神状態の皇帝に、担当の大臣が桃の核、チベットさふらん、大黄《だいおう》などの下血薬をのませた。これが朝八時であったが、正午ちかくに、ようやく声をだして血を吐き、夕刻近くになってやっとはっきり口がきけるようになったと伝えられている。

この時の犯人は楊金英《ようきんえい》以下十六人の女官で、いうまでもなくさらし首になったが、その真相は不明とされている。首謀者は寧嬪《ねいひん》の位にあった王氏といわれるが、事件の当夜、帝は寵愛する曹妃《そうひ》のところに臥せたところから、曹妃も謀にあずかったというし、皇后が嫉妬して、曹妃の名を故意に一味の中に加えたともいわれている。いずれにしても真相はわからない。ただ、内廷の空気がゆるみ、女官が宦官とぐるになってのさばっていることが暴露されただけであった。

そして、この事件は意外な余波をのこすことになったようだ。それはこうである。武宗乱世のあとに即位した世宗は、はじめのうちは宦官を近づけず、大いに善政を期待された君主であったが、道教にこりはじめ、中年以後まったく政治をかえりみなかった。道教は不老長寿を説く中国の伝統的な民間宗教であるが、いろいろのあやしげな秘法をおこなう。世宗は道士陶文仲《とうぶんちゆう》の伝える紅鉛《こうえん》の法というのが大変気にいった。そのため、文仲は大臣待遇伯爵という最高の礼遇をうけることになった。

紅鉛の法というのは、十三、四歳の美麗端正な童女の月のものを金銀の器にとり、乳鉢に入れてこれに烏梅水《うばいすい》を入れる。烏梅というのは、半熟の梅の実をふすべて黒くしたものだが、これを七度乾燥したのち、乳粉、辰砂《しんしや》、南蛮松脂、糞尿の粉末とまぜて火で練って作ったもので、紅鉛丸、あるいはきどって先天丹鉛ともいう。童女は病気をしたものとか男声や髪の毛のこわいものをさけるべしとある。この紅鉛丸は五労、七傷、衰弱にきくとされ、当時有名な強壮剤であった。

明の中期以降は文化の爛熟期にあたり、これら強壮薬、媚薬《びやく》のたぐいが世の中に氾濫したが、この紅鉛の秘法は、文仲から当時武勲の誉れたかい兵部尚書譚綸《たんりん》に伝わり、さらに鉄腕宰相張居正《ちょうきょせい》の愛用するところとなった。もっともこの二人は、過度の飲用のため命を縮めたといわれる。

世宗は紅鉛丸をつくるため、北京の内外に勅命をだして、嘉靖三十一年には八歳から十四歳までの童女を三百人、同じく三十四年には百六人を宮廷にいれた。

世宗がこのように強壮薬に熱中しだしたのは、前述の殺人未遂事件が動機であったふしもある。命びろいをした世宗は、この事件がきっかけとなってますます道教にこるようになり、強壮薬の愛好者になったように思われる。薬に対する信仰は命をとりとめたところからでたのであろうが、投薬した大臣は、もし薬がきかないときは、責任をとって自殺する決心をしたと、あとで述懐している。

帝の紅鉛丸服薬は、以後の皇帝たちに暗い影を投げることになった。つぎの穆宗《ぼくそう》は、宦官にすすめられてこの薬を愛用し、あたら若い英才を台なしにしたし、衆望をになって即位した泰昌帝《たいしょうてい》は、病気のため臣下のすすめた紅鉛丸をのんで一晩で急死した。のちにこれが有名な「紅丸事件」として、政争の中心題目の一つとなったのである。

宦官夫婦

男性失格の刻印をうたれた宦官が、女性との間に関係をもつこと自体はまことに奇妙な現象といえるが、現実には数多く存在した。してみると、人間のこの悪魔的行為をもってしても、男女関係という自然のもたらす摂理の前には、無力たらざるをえなかったというべきであろう。

人間の世界において、紆余曲折をへながら、ある種の引力関係がはたらいて一対の男女の結びつきができあがることは、神秘というほかはない。この結びつきに、性行為が大きな働きをもつことはいうまでもないが、それ以上に、結ばれていること自体、人間として生きる力のささえをもたらし、深淵のような人生の孤独感から救われるということになるのではなかろうか。もしそうでなければ、世間の老夫婦の生活というものは考えられない。そう思ってみると、別な意味の孤独な男性としてつねに男性から白眼視されがちな宦官が、心のやすらぎを求めて男女関係を結んだとしても、かくべつふしぎではないのである。

もっとも、性の復活をねがった不逞な宦官がいたことも、これまた事実である。万暦のころ、福建にきて苛酷な税をとりたて、人民ののろいの的となった税監に宦官高寀《こうさい》がいた。彼は失われた性器の再生をはかるべく、童男の脳髄がきくという術士の言にまどわされ、数多くの小児を殺して食ったといわれる。高位の宦官にはこの方法がはやったとみえ、例のステントも指摘しているように、大逆魏仲賢も罪人七人を殺してその脳髄を食べたという。

この魏仲賢と天啓帝の乳母客氏との情交は、当時、世の耳目を集め、天下にひびいた事柄であったので、いろいろの臆測をうんだ。憂国の書『潜書』をあらわした明末の陽明学者唐《とう》甄《けん》が、その書においてこのことを詮索し、つぎのようにのべている。

「客氏はもと、太監魏《ぎ》朝《ちょう》と情交があったが、その間に朝のひきたてた仲賢がわりこんできた。ある夜、皇帝の御寝の間の近くにある乾清宮の煖閣（暖房）で三人が酒もりを開いていたが、ま夜中になって、酔ったあげく、客氏のことで男同士が喧嘩をはじめた。その罵倒しあう声に天啓帝も眼がさめて、二人を裁くことになったが、客氏が仲賢をかばったので、朝はそれ以来失脚してしまった。客氏が仲賢をかばった理由は、客氏が朝の弱いのをきらい、仲賢の強いのを喜んだからというのである。この強弱がなんであったかについて、自分はかねがね疑問に思っていた。人の説によると、自宮しても人間には精気があって、常人のようにはならないが性器が再生するともいうし、あるいはまた奇怪な方法を講ずることによってそれが可能になるともいうが、自分は一笑に付して信じなかった。しかし、浙江《せっこう》に亡命した南明《なんみん》の魯《ろ》王《おう》側近の太監に二人の妾があって、それからまた聞きしたところによると、それは事実だったので、自分もようやく信じた」

現代人のわれわれには、およそ想像もつかぬことであるが、あるいは上記のようなことがあったのかもしれない。

宦官の男女関係といえば、さきにも少しふれたが、女官を対象とする場合が多く、しかも、そのおこりはよほど古く、漢代に「対食」という言葉がひろく用いられていることからも知られる。対食とは、女官が宦官と夫婦となることで、どちらかが浮気をするとはなはだしく嫉妬するといわれている。

唐代ではあまり聞かないが、自宮全盛時代の明代になると、「対食」のかわりに「菜戸」と呼ばれるようになった。手料理をつくるものの意味であろうが、皇帝があるとき、宦官に粋をきかせて「なんじの菜戸は誰か」と聞いたことから使われだしたという。組下のものがボスを指していう時は「某公は某老太《ラオタイ》（女官の尊称）と兄弟である」というらしい。明の学者は「兄妹」と呼ぶ方が適切だと言っているが、いかがなものであろうか。

明の太祖は、宦官の取締りにはきわめて厳しい態度でのぞんだが、ことに妻をめとるものは剝皮の刑に処した。しかしのちになると、これも一向に守られなかった。中期以後、菜戸はすこぶる盛んになり、はじめのうちはそれでも内密のこととして、その事にふれられるのをいとったが、のちには公然のことのようになり、「外人（世間の人）の夫婦」と異なるところがなかったといわれる。したがって、いつまでたっても相手がいないと、すたれものとして物笑いのたねになった。

菜戸となった女官は、小ものの宦官を料理人にやとった。その場合、コックの給料は男の方がだす。当時の言い伝えでは、北京人は大半がなまけもので食いしんぼうだとされたが、婦人はことにそれがはなはだしかった。しかし、女官にはとうてい太刀うちできなかったという。したがって、菜戸のやとう料理人は腕がよいとひっぱりだこになり、高給になると、月に銀四、五両もとるものがあった。

このようにして結ばれたもの同士は、また格別の愛情があった。ある菜戸が別の宦官と結ばれたとき、はじめの宦官は憤ったあげく、ついに官をすてて僧になり、ふたたび姿をあらわさなかったので、皆が見上げた佳話として賞讃した。なかには、どちらか一人が先に亡くなると終身再配しなかったものもあり、これまた節義の人とされた。

ある学者が都の郊外にある仏寺に寄宿したとき、あかずの間が一部屋あるのを知ってたしかめてみると、宦官の菜戸で先だって歿したものの位牌《いはい》がたくさんならべてあった。ある宦官が忌日にきて慟哭《どうこく》するさまは、世間の夫婦の場合よりはるかに真情があふれていたと伝えている。まことに奇妙な男女関係といわねばならぬ。

宦官は女官以外、正式に妻帯するものも多くいたし、また妾をかこい、北京の廓《くるわ》である西院は、もっぱら宦官の妾宅ばかりであったという。もっとも、それらは宦官のうちでも多く高官であったことは言うまでもない。

宦官の末路

これまで宦官の営みの種々相を見てきたが、ここではその終焉《しゅうえん》について語ることにしよう。権勢をもった宦官は、権力の座についたがゆえに天命をまたずして誅され、あるいは陰謀の犠牲となって浄軍におとされ、虐殺されている。しかしまた、功成り名とげて悠々自適の生活をおくるものもある。

これら宦官の強者によって、宦官の悪名はいや高くなり、それによって一般の憎悪も永久に消えることなく、ついに、宦官とはけがらわしきものという汚名を負うことになった。しかし、宦官とても普通人の運命とかくべつ変わることなく、大多数の宦官は、可もなく不可もない生活を送って、ただ日夜宮廷に奉仕し、その生涯をおえるのである。

こういったもののため、明制では安楽堂がもうけられた。これは紫禁城の真北——内城の北門にあたる北安門のところにあった。宮廷の宦官や小ものの宦官、いわゆる「火者」が病気になると、ここで療養するのである。

もし不幸にして病歿すると、あと始末をする宦官がいて、銅の門札をうけとり、北安門を出て特定の火葬場である浄楽堂に行く。その際、内官監から棺桶が給され、惜薪司から火葬用の薪が支給される。

浄楽堂は、内城の西北の出口にあたる西直門外にある。死んで身よりのない宦官や女官はここで火葬に付された。ここには東西の二塔があり、塔内には深い穴がほられて、そこに骨灰をたくわえた。元来、宦官になることを、彼らの間では僧侶の場合と同じく「出家」するといった。したがって死んだときも、自己の家族とは別に埋葬することになっている。

宦官たちは、死後の世界にそなえ、小金をもったもの同士が金を出しあって、その名も「老衣会」「棺木会」「寿地会」といった哀感をそそる講をつくり、十分な読経と立派な葬式が出せるようにとりはからった。

こんな話がある。万暦のとき、安楽堂で二人の宦官が養生していたところ、一人が死んだ。この男の持物としては、ただ一個の銅盆だけが残された。あとに残った一人は死の病をおしてこの銅盆を盗み、自分の床の下にかくしてしまった。死んだ男の家人はこの銅盆をさがしたが、見当たらないままに帰った。ところが、間もなく盗んだ男も死に、ないと思った銅盆が床の中からでてきた。そこで、宦官のがめつい根性が死ぬ間際まで発揮されたと笑い話となって語りつたえられたというのである。

内安楽堂という建物が皇城の西苑内にある太掖池《たいえきち》の橋近くに設けてある。ここは女官の病人や老人、あるいは罪のあるものを収容し、相当の年月をへたのちに浣衣局に送る。

この不浄な建物が有名なのは、成化年間に名君孝宗がここで生まれたからである。孝宗の父憲宗《けんそう》は万貴妃《まんきひ》をすこぶる寵愛したが、この妃は嫉妬深かったので、当時みごもっていた紀《き》后《こう》は貴妃の迫害をおそれて、こっそりとこの女囚獄に身をかくして孝宗を生んだのである。

この皇帝は、やはり生まれながらにして恐妻家となるべき運命をもっていたのかもしれない。

第三章　帝国を滅ぼした二つの側近
――前漢・後漢

宦官に膝枕する皇帝

はかなく崩壊した秦《しん》帝国のあとをうけて、以後四世紀にわたり中国を支配した漢帝国は、中国文明の基礎を確立した世界国家であった。この王朝は、西暦紀元のはじまったばかりのころ一時中絶したので、その前の二世紀を前漢、後の二世紀を後漢とよぶ。通説によると、前漢は外戚によって、後漢は宦官によってほろんだとされている。

外戚とは皇后の一族のことであるが、この古代君主制国家において、彼らはいかにして宦官とともに君主の側近勢力となり、あげくのはてに帝国を破滅にみちびいたのであろうか。話はやはり、この王朝のはじまりまでさかのぼらねばならぬ。

司馬遷の『史記』は、きわめて暗示にとんだ一場面をつたえている。漢の高祖《こうそ》が死ぬ前年の夏のことであった。高祖は病んで人に会うのをきらい、面会謝絶のまま十余日を過ぎた。樊噲《はんかい》が思いきって戸をあけて入ると、高祖はただひとり、一人の宦官に膝枕してふせってい

た。そこで噲は涙をながしながら、

「陛下は臣らとともに沛《はい》よりおこり、天下を定めたのはなんという壮挙であったことか。しかるにいま天下が定まったというのに、陛下はなんと疲れておられることか。重病なのに臣らと後事をはからず、ただひとり一宦官を相手に世を去ろうとなされるのであるか。秦の始《し》皇《こう》の遺言を破った宦者趙高《ちょうこう》の先例をご存じであろう」

とのべた。高祖は笑っておきあがったが、何も語らなかったという。

君主の宿命である孤独と宦官への親近はすでに指摘したが、この場のたたずまいは、まさにその現実を物語っている。それにしても、これは死期の近づいた不世出の英雄の前に、思いもかけずおとずれた深淵のような孤独であった。彼がぽつねんと十余日の間、一人の宦官に枕してなにを考えたのか知るよしもないが、推測してみると、自分の継嗣《けいし》のことではなかったかと思われる。つまり、高祖は皇后呂《りょ》氏との間にできた皇太子を廃して、寵妃戚《せき》氏とのあいだに生まれた趙王如意《ちょうおうにょい》をたてたかったのである。彼はこの願いを死のまぎわにもう一度こころみたが、群臣に諫められてついに実現しなかった。

いまこの挿話から、つぎのことを強調しておきたい。それは専制君主制における継嗣の問題である。この世に不可能ということのない絶対君主であるだけに、死のおとずれとともに継嗣をめぐるすさまじい葛藤がおこるのは当然で、そのつど血なまぐさい革命の形をとっていくことは避けられない必然であった。人間をもっとも強くむすびつける血のつながりも、ここではなんら力にならない。ここに側近勢力の活躍の場が出現する。

高祖が、こういった継嗣についての見通しをもたぬはずがない。沈黙の十数日は、そのためのいらだたしさと絶望のくりかえしであったのではないか。終生の伴侶《はんりょ》であった妻の呂后とも、こと継嗣に関しては、その間に千里の距離があったのである。

ここでふたたび、高祖が宦官に膝枕したときの場面を思いうかべよう。この王朝の始祖にとっては、宦官のみがこの世で安らぎをおぼえる唯一の相手であった。ここに、宦官はその存在の意義を大きくクローズアップされるのである。これまでの歴史では、宦官が君主の身心を柔かくささえるソファのような存在であったことを、不当に無視してきたきらいがある。

この抱擁性のさらに深く示された例は、後漢最後の君主であった霊帝《れいてい》の場合である。この君主は宦官を寵愛したことで有名であるが、内常侍という宦官の最高職にあった張譲《ちょうじょう》、趙《ちょう》忠《ちゅう》に対して、口ぐせのように「張常侍はわが父、趙常侍はわが母」と呼んだという。霊帝は愚昧な天子とされているが、それだけに恥も外聞もなく宦官への親近感をこのような形で言いあらわしたのだろう。

この二つの例が物語るように、漢代では高祖にはじまって霊帝に終わるまで、名君たると暗愚な君主たるとを問わず宦官を必要とし、それをささえとして生活したのであった。

側近勢力としての宦官は、このように、すでに漢帝国の成立のはじめから君主との関係において不可欠の存在であった。宦官が外戚への対抗勢力となりえたのはこのような基盤があってのことで、後代になって新たにつけ加わった要素ではない。

妄執の母后

漢の高祖の偉業は剛気な妻の呂后におうところが多かった。ことに、功臣たちをつぎつぎと殺したのは、この呂后のあとおしのせいであったといわれる。功臣殺害は呂后に国家百年の大計があってのことではなく、おそらく母性本能から、これら功臣たちが、いずれは漢室に禍いをもたらす存在となることを予感してのことであったろう。ここまでは、夫婦一心同体であったが、ともにきずきあげた帝国をだれにゆずるかとなると、二人はもはや同床異夢ともいうべき仲となった。

このころ、高祖は愛妾戚夫人との間にできた趙王如意を愛していた。戚夫人はいつも高祖に、趙王を皇太子にするよう泣いてたのんだといわれるが、高祖はただ愛妾の願いだからというだけでなく、この王子が自分に似ているので、すでに立てた皇太子をやめて趙王をそれに代えたいと考えていた。しかし呂后にしてみれば、せっかく皇太子にしたわが子がいまさら廃されるとは思いもかけないことである。さすがに無知で強気なこの百姓女も気が転倒した。どもりの御史大夫（副宰相）周昌《しゅうしょう》が訥弁《とつべん》をふるって高祖をいさめ、太子の廃止をくいとめたときには、廊下の外でたち聞きしていた呂后が臣下の彼にひざまずき、「君なかりせば、太子は廃せられん」と最大級に感謝したという。その残虐性において唐の則天武后とならび称せられた呂后にして、わが子のためにはこのしおらしさであった。

しかし高祖が死ぬと、呂后はさきの感傷などはかなぐりすてて、黒い復讐の毒盃に舌なめずりしていた。やさしい心根の息子恵帝《けいてい》がかばう戚氏の子趙王を、恵帝の留守のまに毒殺し、さらに戚氏をとらえてその手足を切り、眼球をくりぬいたうえ耳をふすべてつんぼとし、声のかれる薬をのませて唖にしてしまった。さらにその彼女を便所のなかに住まわせて人間豚と名づけた。

だが、この残虐な行為はさすがに天の許すところとならなかった。これを見てショックをうけた恵帝は、「人間のする行為ではない」と言って寝こみ、以後、政治をすてて日々酒にひたり、淫楽にふけった。そのあげく数年たって死んだ。このとき呂后は大声をあげて泣いたが、涙は流さなかったという。

そのあと、政局は思いもかけぬ方向をたどった。恵帝が死ぬとつぎの皇太子が即位したが、この王子は恵帝の皇后の実子ではなかった。実は皇后には子がなかったので、いつわってはらんだとふれこみ、他の妃にできた赤ん坊を自分が生んだことにしてその生母を殺してしまったのである。即位後、真相を知った少年皇帝は、いずれは母の仇をとると口にしたので、呂后は内廷ふかく皇帝を幽閉し、だれにも会わせなかった。したがって、呂后みずから主権者、すなわち女帝として天下に号令を下すことになったのである。

ところでこの前後に、はなはだ重要なことがおこっている。そのきっかけは、一人息子を失くした呂后がなぜ涙をながさなかったかということからはじまる。この呂后のただならぬ異常さに頭をなやましていた時の政府首脳は、かつて沛の旦那衆であった王陵《おうりよう》、同じく葬儀屋あがりの周勃《しゆうぼつ》、それに策士の陳平《ちんぺい》らであったが、彼らに呂后をなだめる対策を進言したのが、智将張良《ちようりよう》のむすこ辟彊《へききよう》というわずか十五歳の少年であった。

対策というのは、「呂后の一族を大将として宮廷守護の近衛兵を南北におき、かつ彼らを宮中にとどめて呂后を助けさせる」ということであった。その理由は、恵帝に成人した子がないため、呂后は継嗣の問題で卿らの謀反をおそれているが、いまこの策をおこなえば呂后は安心するし、卿らも残虐な彼女から身の安全をたもつことができるというにある。司馬遷も指摘しているように、政府首脳はかるはずみな性格をもつ楚人《そひと》だけに、のちのことも考えずにさっそくこれを実行にうつした。おかげで彼らは、のちになって呂氏一族から近衛兵の指揮権をとりあげるのに苦心することになった。

一方、女帝は大いによろこび、心から安心したものか、今度はしみじみわが子の死を悲しんだ。

司馬遷はこれについて「呂氏の権力はこれより起こる」と記している。これが漢王朝における外戚専権の第一号であった。この女帝の出現と、呂氏一族の擡頭は歴史的に大きな意味をもっている。

日本の古代には女帝が多いが、父系社会を背景に王権の発達をみた中国では絶えてなかったことであった。それが漢帝国のはじめに出現したことは、まさに歴史の突然変異ともいうべきであろう。しかし仔細に見ると、それは決して異変ではなく、革命の新しい波によってつくられた産物であったといえる。清朝の学者はこの時代の傾向について、「君主は民間の出であったが、その臣下たちも多く亡命無頼の徒であった。こういった現象は気運がそうさせたので、時代は新しくかわったのだ」と言っている。

春秋、戦国から秦までは、封建君主を中心とした伝統的な支配階級間の権力闘争であったが、漢王朝はなんの伝統もない開放的な楚の庶民階級がつくりあげたものであった。しかし、同時にその社会には古代的な遺制も多く存在していた。たとえば、母系制の名残りもその一つである。漢初では、王子の称呼には、女系の姓を冠した。武帝の皇太子は衛《えい》皇后の姓をとって衛太子とよばれ、宣帝《せんてい》の父も王子時代母の王妃の姓をつけて史皇孫《しこうそん》とよばれた。衛皇后の母は公主（皇帝の娘）の召使いであったが、彼女が何ものともわからぬ男と通じてできたのが衛皇后である。このように、前漢の后妃は、多く身分がいやしかった。

漢王朝の創立者たちが母系制の名残りをとどめた社会の連中であったとすれば、呂后が女帝となってもおかしくはないし、呂氏の一族が宮廷にのさばってもふしぎはない。また沛郡出身閥でかためた政府首脳が、女系の跋扈に格別異議をとなえなかったことも理解されよう。ただ、呂后が一族のものを王に封ずることには、一徹な王陵が反対した。その理由は劉《りゅう》氏以外から王をださないと高祖と誓ったからというだけであった。

しかしこれに対して、陳平、周勃は、女帝が王を任命することにはなんら反対すべき根拠がないと言ったので、王陵はだまってしまったという。呂后は、皇帝が幼いから単にその後見役であったというのではなく、実質的には堂々たる君主であったのである。

このようにして漢王朝は、革命をきっかけとして、彼らに固有な母系家族制をもちこんできた。これが漢代を通じてみられる外戚専権の基盤であり、基本的性格であった。

呂后によってはじめられた母系家族制を背景とする外戚政治は、若干の修正はあったが、この王朝ではしばしば採用された。すなわち皇帝の母である皇太后の摂政と、皇太后の父あるいは兄が宮廷守護の近衛兵をひきいる司令官、すなわち大将軍となって皇太后をたすける政治方式である。

また注目すべきことは、この体制には宦官が不可欠の存在であったということである。漢代では、皇帝の宮殿は未央宮《みおうきゅう》と呼ばれたが、皇太后の居宅は長楽宮といい、未央宮より東六百五十メートルほどはなれた長安城の東隅にあったので、東朝とも呼ばれた。すでに明代の場合を例にとって説明したように、元来、宮廷の後宮には一般の男子の出入りは禁じられていた。この制度が確立されたのは後漢からで、前漢では若干の男子が官吏として内廷にいた。しかし、皇太后のいた長楽宮になると、さすがにほとんどが宦官ばかりであったと言ってよい。

皇太后は特別の場合をのぞいて、普通には大臣に直接会わないことになっていたから、皇太后が政務をとると、大臣たちに政令を伝える役割は宦官がはたすことになる。そこに宦官がつけこむ間隙が生じてくるのである。周囲は宦官ばかりであるから、太后は、おのずから宦官に重要な政務を相談することにもなる。これは宦官の国政参与を許すことであり、ひいては彼らに権勢をもたらす原因となるものであった。

いま呂后の場合について見よう。

呂后にひきたてられた宦官に張釈《ちょうしゃく》という人がいたが、彼は宦官の長官である宦者令として、また宮門の守護および取りつぎ役である謁者《えっしゃ》の長官、すなわち大謁者令として権勢をふるった。彼は、呂后一族の封王に協力したという功で建陵侯という侯爵に列せられ、その爵位に見合う領地をもらった。宦官が華族になったのはこれが初めてであったが、このことによってわかるように、宦官は、皇太后が摂政体制をしくとき制度の面から権勢をもつようになっていった。皇太后の摂政による外戚政治が出現すると、いつも宦官が勢力をもってくるのはこのような事情によるのである。勢い皇帝と皇太后、皇帝と外戚が対立するときは、その間に介在する宦官の去就《きょしゅう》が重大な意味をもつこともおのずから理解されてくる。

ところで、恵帝がやけくそな生活をおくり、呂后が母系家族のひきたてに熱中したといえば、どのように政治が乱れたのかと思われるが、実は案に相違して、世の中は平和そのものとなり、罪人もすくなく、民は農にはげみ衣食がゆたかになったと司馬遷は書いている。これは、秦帝国の急激な改革と、そのあとにきた内乱によって中国社会全体が疲れはて、切に平和をのぞんでいたところ、呂后が内輪のことに気をとられて、へたな国政改革をおこなわなかったことによるものであった。

秘書の元祖、司馬遷

呂后の死をまって呂氏一族をみな殺しにした漢の老臣たちは、あとつぎを慎重にえらんだ。ひもつきにはこりたからである。その結果、おだやかな人柄と有力な外戚がない点を買われて代王《だいおう》が迎えられ、即位した。これが文帝である。当時の社会は、戦国時代の争乱にこりて戦争にはあきていたので、君主がへたな善政をしてくれるより何もせずにいるのを望んだ。

呂后のように、長安の城をきずくぐらいで政治には見むきもしないほうがよかったのである。

この自然放任の考え方は黄老《こうろう》、あるいは道家思想とよばれ、十世紀の宋初にも王朝の政治方針となった。文帝もこの主義により、すでにのべたように残虐な肉体刑を廃止して殺伐な戦国の余風をやわらげ、またむやみに租税をとらず、あとはじっとして地味な生活をおくった。

世の中は平和がつづき、豊かになった。しかし、自然放任ということをうらがえすと野放しということにもなる。力のあるものはあくまで強くなり、無力者はますます弱くなる。特権階級である封建諸王や貴族、あるいは豪族は、広大な領地と、多くの奴隷を使って豪奢な生活をはじめた。「酒池《しゅち》肉林《にくりん》」はこの古代帝国の生活のモットーであり、道徳などは問題にならなかった。

清朝の学者趙翼《ちょうよく》も、漢の王族の乱行を指摘している。それによると、父の妾と通じて子をうませたり、弟の嫁を奪って妾にしたりするのはまだよい方で、同腹の姉弟が通じ、あるいは寵愛の奴隷に愛妾を相姦させるなどという非行があった。また言語道断なのは、人と獣のあいの子を作るといって、宮女を裸にして犬馬と交接させていることである。取調べをうけた王の一人が、このような放恣《ほうし》に耽溺《たんでき》した理由について、「幼年のとき父母をうしない、王宮の中に深居してただ宦官や宮女相手に暮らし、家老も道徳教育をしなかったから」と告白している。

このように彼らの生活がみだれたのは、道徳が頽廃していたためというよりは、道徳以前の状況にあったからである。事実、漢王朝の初期には、社会全体にも礼にならわない庶民のあらあらしさがあり、戦国の余風をのこしていた。復讐のための仇討ちは美風としてたたえられ、勇み肌の侠客がのし歩いていた。役所では官僚のあいだに封建的な主従関係が見られたし、軍人も強かった。武器の優秀さも手伝って、当時漢兵一人の力はよく北方民族六人に匹敵したといわれ、唐や宋以後とはまるで正反対であった。

この民族の奔放きわまる時代に、さっそうと登場してきたのが武帝であった。武帝は数々の大遠征、豪遊、むら気、濫費、傲慢、聡明など限りのない話題をもったスケールの雄大な皇帝であるが、ここでは武帝のおこなった事のうち、本論に関係のあるものを三つだけあげよう。

まず儒教を国学としたことである。これはいうまでもなく、中国史上もっとも大きな意味をもつものの一つで、漢代にかぎっても、後漢後半における儒教の普及と、それからおこった宦官勢力と儒者階級の両極対立化をおこす有力な原因となった。

儒教が漢王朝にくいこんだのは高祖のときで、はじめは宮廷でのエチケットをつくりあげるのが目的であった。大臣、大将といっても、もともと庶民出の荒武者であったから、宮廷で宴会をひらくと、酔がまわるにつれ、手柄話から喧嘩をはじめたり、なにやらわめき、剣をぬいて柱をきりつけるという乱暴ろうぜきをきわめたものであった。

毎度のことに閉口していた高祖に、儒者あがりの叔孫通《しゅくそんつう》が対策を買ってでた。彼は、儒教の本場の山東地方から三十人あまりの教師をまねいて儀礼の講習をはじめた。なかには「あなたは権力者ばかりを相手にわたり歩くたいこもちだ」と言ってことわった教師もある。その翌年の宮殿の落成式には、しわぶき一つせぬきわめて厳粛な儀式が整然とおこなわれた。感激した高祖は、「われ、今日はじめて皇帝となるの貴きを知る」と胸をふくらませた。叔孫通はその功績によってまんまと儀典部の長官の職を射とめた。しかし、儀式がうまくいった真の原因は、目付役がいて、言うことをきかぬものを片っぱしから検挙したからである。

この話が物語るように、儒教は指導階級の人間を紳士にしたてあげ、皇帝を中心に身分階級を秩序づけるのに有効なものであった。

武帝は儒教の学問を最高学府の学科課程に指定した。その学科というのは、孔子が古代封建君主の子弟に教養をつけるためにつくった『詩経』という古典音楽にあわせてうたうときの歌集や、勅語集である『書経』、それに歴史の教科書である『春秋』などが主であった。漢代人にとっては、ちょうど現代のヨーロッパにおけるギリシア、ラテンの古典のようなものである。

武帝のねらいは、さきにのべた乱行の王族や貴族の子弟たちを礼儀正しい教養人にしたてあげることであった。外から答うつより、内から目覚めさせる方が有効と考えたのであろう。はたしてこれ以後、漢代人は儒学に身を入れだし、政治のモラルにまでなったが、それがあとで説くように、ついには変な方向に走ってしまった。

つぎに、武帝は外戚の制度を固定化させてしまったことをあげねばならぬ。ことのおこりは衛皇后の弟の衛青《えいせい》をとりたてたことからはじまる。彼女の母は何人もの男と関係して私生児をつぎつぎに生んだが、青もその一人であった。彼はある姫君の護衛をしていたが、武帝がとりたてて匈奴《きょうど》征伐をさせたところ、抜群の武勲をたてた。その功によって領地の所有を許される華族に列せられ、最高の武官職である大将軍に任命された。

彼が帝の信任を得ていたことを物語るエピソードに、帝が厠で用をたしながら衛青をよびつけたという話がある。中国の学者は、武帝が大臣を小馬鹿にしていた証拠だと言い、また帝が青となれしたしんだあげくのことだとも解する。後者の言い分は、臭気ふんぷんたる庶民の便所から帝王のそれを推しはかるのが間違いのもとで、帝王の場合は、天井から絹のベールがたれ、床には華麗なしとねがしかれ、二人の侍女が香袋をもって立っている豪華なものだという。

この厠は、漢代では因縁がふかく、武帝がはじめて衛皇后になじんだのもここであったと伝えられるし、また、後漢の桓帝《かんてい》が外戚をたおすため、腹心の宦官を呼んで謀議をこらしたのも眮であった。

衛青は帝の寵愛をうけ、三人の子はみな華族となったが、とくに甥の霍去病《かくきょへい》が青をしのぐ名将であったので、衛氏一族は大貴族にのしあがり、去病の腹ちがいの弟の霍光《かくこう》は、武帝の遺命をうけて大司馬大将軍として八歳の昭帝《しょうてい》の摂政となった。そのとき帝は、光に「卿よ、周公のことをおこなえ」と言ったという。周公はいうまでもなく周の聖人で、甥の成王《せいおう》をたすけて理想政治をおこなった人と伝えられている。これは武帝の信任のふかさを物語るが、光も謹厳よくその責をはたした。

しかし、問題はやはり光に摂政をさせたという点にあった。帝は臣下をよく罰したが、またよく長所を見抜いて登用した。光の場合もその一例であるが、それも事によりけりである。武王の弟であった周公の摂政は父系の側からであるのに対し、霍光のは母系の側からであった。呂后のあと、母系家族の排除につとめてきたやさき、武帝は事もあろうに、儒教の説く聖王の名において母系の発言力を公認したことは、外戚が側近勢力となることをふたたび制度化したに等しかった。そして結局、前漢はそれによって滅びることになったのである。

つぎに宦官である。武帝がだれかれの容赦なく刑罰に処したことは有名なことである。詔獄といって帝命でつなぐ獄には、六、七万人も収容されていたといわれる。宰相が帝に諫めて、陛下は苦心して賢才を求めるが、その真価を発揮するまえに殺してしまう、限りある人材に止むことのない誅殺をなしては、やがて天下の賢才はつきるであろうと言ったが、数多くの名士や人材が宮刑にされて宦官となった。無知の象徴である宦官の質が、史上もっとも向上したのはこの時代であったと言えよう。

宦官族というような軽蔑の対象となるグループがまだ成立していなかったことも、注目すべきことである。そのため、前漢の歴史書である『前漢書《ぜんかんじょ》』には、特別に宦官の伝記の項目はない。いやしい私生児が皇后や大貴族になりえたことからもわかるように、当時の社会はまだ身分が固定化していなかったためであろう。現に、宮廷音楽長であった宦官李延年《りえんねん》の姉は延年の口添えで后妃となり、長兄李広利《りこうり》は将軍として華族に列せられた。李の家は、元来、俳優を職業としていた身分のいやしい階級であった。

こういう状況下にあって、武帝は宦官の制度の上に重大な悪例をひらいた。それは、有名な司馬遷を中書令に任命したことであった。この官は内廷の秘書長である。数千の美姫を後宮にたくわえた武帝は大の遊びずきで、内廷で宴会をすることが多かった。気の短い武帝は後宮にあるときでもつぎつぎと政令をだす。そのため有能な秘書が必要となったが、内廷は原則として男子禁制であったため、宮刑にされた司馬遷に白羽の矢がたてられたのである。霍光の場合と同じく、そのこと自体はわるいことではないが、これがきっかけとなって中書令が制度化されるところに問題があり、のちに大きな弊害をもたらすことになる。秘書が側近勢力となり、権勢をたてににらみをきかすことは、いつの時代、またどの社会でも同じであった。

中書の制は、宦官におのずから政務にたずさわらしめ、常時内廷にいるところから、側近中の側近たらしめることは火を見るより明らかである。皇帝が直接大臣に命令せず、宦官が間にたって帝命を伝えるとなると事はきわめて重大である。が、はたしてその危惧は現実となったのであった。

皇后になった宦官の娘

強大な専制君主のあと始末は容易なことではなかった。武帝が望みをかけた昭帝は二十歳で死に、継嗣がなかった。昭帝の皇后は大将軍霍光の外孫にあたり、光の娘が上官《じようかん》氏にとついで生んだ子であるが、彼女が皇后になったのは六歳のときであった。昭帝に子がなかったのは、光がこの皇后だけに継嗣を生ませようとしたからで、光におもねった近臣や侍医たちは、昭帝が身体をそこねるという理由で、後宮のすべての妃や女官にもんぺをはかせ、幾重にも帯を結ばせて解かせなかったからだという。帝が死んだときは、皇后は十四、五歳であった。

昭帝の継嗣に迎えられたのは李夫人の孫の昌邑王《しょうゆうおう》であるが、素行が悪かったため退位させられてしまった。

つぎに選ばれたのが運命の子宣帝である。武帝が後嗣に苦慮したもとはといえば、みな、みずからまねいたものであった。生来短気なこの皇帝は、皇太子が反乱をおこしたと誤認し、ろくに調べもせずに衛太子とその三男一女、さらに妻妾をも死刑に処した。太子の母衛皇后も自殺させられたのである。

このとき、皇太子の孫で生まれて数ヵ月にしかならない一人の赤ん坊だけが助かった。体が弱かったので、早く丈夫になるように、「病已《へいい》」という妙な名がつけられていた。この赤ん坊は、中央刑務所が皇太子事件の罪人で満員であったため、その支所に収容された。このときの司法省の次官がのちの宰相丙吉であった。吉は一人のまじめな女囚人に命じて皇孫に乳を与え、風通しのよい部屋においた。

ところがある占い師が、武帝に長安の刑務所に天子の気配がするとつげたので、武帝はこの刑務支所に収容していた全員を殺すように命じた。丙吉は門を閉じて勅使の宦官を入れず、そのために弾劾《だんがい》されるはずであったが、武帝の気がかわって全員が許されることになった。吉は皇孫をいつまでも刑務所におくわけにはいかないので、都の長官である京兆尹《けいちょういん》にかけあった。しかし、ひきとってはもらえなかった。そのうち、例の女囚人の刑があけたが、皇孫が彼女をしたうので吉は自費でこの女囚をやとうことにした。皇孫は病気がちであったので、その後母の里方にあずけられた。ようやく勅命がでて後宮で養われることになって、はじめて皇室系譜にその名がのせられるようになったのである。

このころ、後宮の取締りをしていた宦官に張賀《ちょうが》がいたが、かつて彼は衛太子に仕えたため、例の事件で死刑になるところを、弟安正《あんせい》の願いで罪一等を減ぜられ、宦官になった。彼は旧恩をおもいだして皇孫をあわれみ、大事に育て、自費で教育をつけたりした。

皇孫が成長すると、張賀は自分の娘をめあわすことを考えた。が、これは弟に叱られてやめ、今度は部下の宦官許広漢《きょこうかん》の娘を妻にさせようとはかった。広漢は武帝のお伴をしたとき、あやまって他人の鞍を自分の馬につけたというだけで、これまた死罪になるところを命だけは許されて宦官にされたのである。張賀は広漢に、「皇孫は昭帝とつながりが近いから、どんなにわるくとも華族にはなれる」と説きふせてめあわす約束をさせた。広漢の妻はこれに反対したが、ついに仲人を立て、張賀が結納金をだして結婚させてしまった。この数奇な運命にもてあそばれた皇孫が宣帝であり、宦官広漢の娘が許皇后、その子が元帝であった。

宣帝は伊達男《だておとこ》をきどり、闘鶏、競馬が好きであった。しかしまた学問にひいでた名君でもあった。とくに、優秀な地方官には任期をのばして存分に腕をふるわせた。この皇帝のお蔭で漢王朝の支持票が全国的にふえたのである。それというのも、十八歳まで民間でくらし、侠客気どりで仁義をきりそこなって、したたかいじめられたりして苦労して育ったのが、大変役にたったのであった。それにしても、生まれて数ヵ月で罪人となり、女囚の乳をのみながら宦官に育てられ、宦官の娘を妻にした皇帝はほかにないだろう。

宣帝と宦官との間に見られるこのような親縁関係から推すと、やがては帝の側近に宦官が立ちあらわれるであろうことは十分に予測されよう。はたしてそれは事実となってあらわれた。謹直な執政として二十年政権の座にあった霍光は、危い橋を渡って宣帝擁立までこぎつけたので、政権返還を申しでた。宣帝は内心では光をけむたがったが、自分を支持してくれた国家の大元老を優遇し、関白太政大臣にした。

人間はひきどきがむつかしいが、光とても人間である以上、その例にもれるものではなかった。すでにこのとき光の娘は宣帝の皇后になっていたが、それについては暗いいきさつがあった。虚栄のつよかった光の妻顕《けん》は、霍氏にあらずんば人にあらずという羽ぶりのよいおり、ぜひ自分の娘を皇后にしたかった。しかし、皇后の座には宦官の娘がいるではないか。ねたみにおのれを失った顕は、皇后づきの知合いの女医を手なずけ、ついに妊娠中の許皇后を毒殺し、そのあと、光をそそのかして娘を皇后にすることに成功したのである。

ところが今度は、こともあろうに宦官の孫が皇太子になるというのである。逆上したこの女犯罪者は、ふたたび娘の皇后に皇太子の毒殺を命じた。が、これは乳母が用心していて果たされなかった。このころになって妻からその所業をつげられた光は、光栄と苦悶のうちに死んでいったのである。大黒柱を失った霍氏一族は、さしもの栄華をほこった生活もおわりをつげ、毒殺のうわさと陰謀の発覚のため、全族みな死刑に処せられてしまった。皇后も廃せられたことはいうまでもない。

この強大な外戚の没落とともに宣帝の政治方針は権力を背景とする刑罰主義にかわり、宦官を登用することになった。宦官には係累やひもがないからである。曽祖父の武帝にならって中書令を復活し、官吏の任命や、総理府である尚書房からの上奏文とその裁決事務という国事事項は宦官の手に委ねられた。さいわい、武帝がだれかれなしに宦官にしたお蔭で人材に事かかず、弘恭《こうきょう》、石顕《せきけん》というきっての法制通や事務手腕家が宣帝の手足となって働いた。これに対して、儒学の教養を修めた官僚はその非を諫めたが、帝は全然とりあわなかった。

これについてつぎのような話がある。皇太子はものやさしい性質で、儒教を好んだので、父宣帝の刑法主義にあきたらず儒者の登用を進言したところ、帝は色をなして、「漢家には独自のおきてがあり、覇道（権力主義）と王道（道徳主義）をまぜて使うのである。元来、平凡な儒者どもは時流にくらく、ただむかしを讃美して現代をそしり、人を夢想家にしたてあげるだけだ。なんで彼らごときに政治をまかされよう」と言って、わが家を乱すものはわが子であるとなげいた。さすがに専制君主のこつを知っている宣帝は、この時代における宮廷儒学の危険な傾向を見破っていた。だが、次代の皇帝となるはずのわが子が通俗な儒者の亜流とは思いもかけなかったのである。

宦官組織の結成

どの社会でもそうであるが、がむしゃらな闘争力と、あくことのない野心をもやしてのしあがった初代のあとには、教養もゆたかでかつ聡明であるが、おっとりとして気がよわく、現実から逃避しがちな二世がでるものである。このあと、漢王朝はあまやかして育てられたいわゆる二世あるいは三世の時代に入る。元帝以後がそれにあたる。専制君主はこれではつとまらない。たとえてみると、航海中の船の舵は必ず船長みずからがとるべきもの、という鉄則をたてたのが宣帝であった。この舵を部下にまかせて、白昼夢にうつつをぬかしてよいものであろうか。

宣帝の子元帝をとらえた白昼夢は儒学であった。武帝のまいた種は、思わぬ実りをまねいたというべきであろう。しかし、通俗な政治理念の学である儒教が、なにゆえ神秘思想になりえたのであろうか。

話は霍光がクーデターを密議したときにさかのぼる。当時儒学の大家であった夏侯勝《かこうしょう》が、廃帝になった昌邑王に、近ごろ陰謀の企てがあるから身をつつしむように、と上奏した。秘密がばれたかとうろたえた光は、詮索したあげく勝にゆきついた。勝を問いつめたところ、彼は『書経』の一篇を読んで、今の政局にあてはめるとそのことが予言できると答えた。それ以来、軍人あがりの光をはじめ無学な政府首脳たちは、改めて儒者を尊敬しだし、新皇太后が政治をみるための用意にと勝を教育係に任命した。透視術が人をとりこにすることは古今東西かわらない。このようにして、儒学は初めのころの低級なエチケット心得から、神秘な予言の学となり、宮廷を風靡することになったのである。

それをさらに決定的にしたのは、元帝のころに京房《きょうぼう》という易学の大家が現われたことであった。元帝は彼を民間から抜擢して顧問にしたが、はたしてその予言はよくあたった。現代でも易がはやるのであれば、古代の迷信時代に易が威力を発揮せぬはずがない。これで儒学はオールマイティになった。

元帝はおのれをむなしくして儒学の大家をぞくぞくとまねき、その話を聞き、政府の首脳に任命した。これは一見求道に忠実であるかに見えるが、実際はかならずしもそうとはいえなかった。儒者官僚の意見を正しいとしながら、これを実行にうつす段になると、側近勢力に妨げられて腰くだけになることが多かったからである。それに、君主が儒者に頭をさげるようでは権威はたもてない。こういう場合、武帝や宣帝であれば、とるべき意見は心のうちに銘記し、それが有能な学者であればさっさと殺してしまう。冷厳な君主道にあっては、すべての面に対立は許されぬからである。
一方、現実の政局はどうであろうか。ここにも今までになかった新しい様相がみられる。宣帝以来ひきつづいて、有能な宦官であった弘恭、石顕が中書令として政務を処理していた。宦官である彼らは外部勢力とむすびつかないという安心感から、元帝もまた一切をまかせきりにした。だが有能とは悪党の別名にほかならず、儒教熱にうかされているわかい世間知らずの皇帝のもとでは、弘恭たちは存分に権勢をふるうことができた。

いま一つの新しい様相といえば、単独では弱い宦官が組織をもったことである。当時、総理府の尚書房では、尚書の定員は五名で官僚がこれに任命されたが、弘の後をついだ石顕は全員を自己の腹心でかため、互いに「党友」すなわち同志と称して団結した。このようにして宦官大臣があらわれてくると、政局は彼らによって壟断《ろうだん》され、百官はおそれおののいた。

また外戚には、霍光以来不文律となった制度が適用された。すなわち自動的に華族に列せられ、大将軍として軍政を掌握し、自由に宮廷に出入りできるようになったのである。この危険な二大側近勢力を結ばせたのが、ほかならぬ正義派あるいは純理論派の儒者官僚であった。

彼らは、儒学の説く聖王政治の出現をさまたげるものは左右の側近勢力とみて、かたくななまでにこれに攻撃を加えた。古制にしたがって罪人あがりの宦官を中書からおいだせとか、皇后の父というだけで特権を与えるのはもってのほかというのである。こうなると、理論には弱い外戚と宦官はいきおい共同戦線をはらざるをえなくなる。それに、彼らにとってうすきみの悪い易学がふりまわされたので、名のある儒者官僚たちをみな牢獄にほうりこんでしまった。元帝が先生をよぼうとしたら知らぬまに牢に入っていたので、驚いて詰問すると、宦官大臣の差し出した収容令状には自分の判がおしてあったという話がある。元帝が政務を宦官の石顕らにまかせきりにして、彼らの提出する書類をよく調べもせずにめくら判をおした結果であった。このようにして、宦官と外戚は手をにぎり、けむたい儒者官僚をしりぞけて政権を壟断し、あくことなく私欲をほしいままにした。

もっとも、元帝の後をうけた成帝は、さすがに宦官の専権をきらって石顕をしりぞけ、宦官の権力掌握の場である中書令から宦官をおいだした。その結果、さしもの宦官も鳴りをしずめるに至った。

ところが、こんどは逆にこの側近勢力に儒者が協力したらどうであろう。時代の傾向は、全宮廷を神秘な儒教の魔術にかけて夢遊病者にすることも不可能ではなかった。そこでは、聖王の資格のあるものが皇帝となり、現実の君主も聖王に位をゆずるのは美徳となる。この夢幻劇の大芝居をうってまんまと成功したのが、外戚で教祖的性格をもつ王莽《おうもう》であった。

王莽は王皇太后の弟の子であるが、父が早死したため貧乏ぐらしのなかで儒学を学んだ。

彼はしだいにその実力をみとめられて高官になったが、生活は質素で、余財は全部賓客、知友などにわけあたえたので知識階級のあいだに非常な人望をあつめた。

そのころ讖緯説《しんいせつ》という不思議な予言が流行した。これは陰陽五行説という神秘主義に属するものであるが、王莽はこれを利用して、漢の運がおとろえ聖人がこれに代わる時代がきた、彼こそそれにあたるものだという世論をつくりあげたのである。

そのために、王莽は天から莽を皇帝とすると書いた石が降ってきたとか、いろいろの瑞兆、予言が全国から奏上され、莽の功業をたたえる詩歌が三万通もあつまってきたと言いふらさせて、劉歆《りゅうきん》の捏造《ねつぞう》した『周礼』の世界の実現をはかるべく、みごとな禅譲劇《ぜんじょうげき》を仕組んだのである。そしてついには漢の帝室を廃して、みずから皇帝の位についたのであった。

前漢最大の勢力のあった外戚王氏を背景にすれば、こういう魔術のうちに帝位をうばうのは容易なことであったのだ。国初呂后にはたされなかった母系家族の政権奪取の夢は、ここに王氏によって実現されたのであった。

皇帝と大臣の間

王莽の簒奪《さんだつ》によって中絶した漢帝国は、十五年あまりののち復活した。再建者は前王朝の傍系で、河南省南部に住んでいた貴族劉氏兄弟であった。兄の武と弟の文によるコンビが成功したのだが、兄が死んだため弟が初代皇帝となった。これが光武帝《こうぶてい》である。

光武は若いころ、都の長安で儒学を学んだ教養人であるが、同時に荘園の管理をする実務家肌の人でもあった。前王朝のはじめのころの奔放な君主たちとは、またちがったタイプである。おもしろみはないが、脱線した政治の手直しには、けだし適材であろう。

彼は天子になってから故郷にかえり、一族の老婆たちを招待したところ、彼女らが、帝の若いころは冗談一つ言わず、おとなしいばかりでとっつきにくかったが、今は大変愛想がよくなったと話しているのを聞いて大いに笑い、天下を治めるのも、またこの「柔の道」を方針にしようと言った。どうやら「思いやりのある政治」ということらしい。そういえば、帝は嫉妬ぶかい郭《かく》皇后を廃したあと、しばしば廃后の弟の家に行き、莫大な金子をあたえて陰ながら廃后をなぐさめたりしている。しかし、奴隷の待遇改善や解放に努力する一方、地主たちの不法占拠をきびしくとりしまってもいる。実効はあまりなかったが、さすがに地主的感覚からでた善意というべく、なかなか芸がこまかい。

光武は、前王朝の破局の原因となった側近勢力の擡頭を防止する対策にも当然手をうった。実務家肌の彼は、その具体的策として機構の改革を思いたった。

まず宦官対策であるが、前漢のとき宦官が権力をもつようになったのは、皇帝の秘書である総理府と手をつないだからだというので、それをたちきることにした。前漢では内廷の宦官房にも普通の官僚が執務したが、光武は宦官が政務にたずさわるのを防ぐため、その制をやめて内廷は宦官だけに処理させ、内外の交通を一切厳禁した。すでに述べたように、前朝の成帝のときにこのやり方で一応宦官をおさえることができたのでこの方法を採用したのだが、これが大変な失敗におわった。

生来の疎外者である宦官たちは、この改革によって仲間ばかりとなったお蔭で、おのずから宦官族という種族社会をつくりあげるようになったのである。それを促進させたのは、皮肉にも光武の思いやり政治であったのではないかと思われる。というのは、光武は、大逆犯をふくめて一切の死刑囚たちに死一等を減じ、これをことごとく宦官にしたからである。こうして凶悪犯は大挙して宦官族の仲間入りしたのであった。その結果、光武帝によって一応宦官たちは骨抜きにされたものの、将来政権に近づく機会をもてば、種族意識が強まっているだけに、いずれは政治の台風の眼になるであろうことは十分に予測されるところである。

もう一つの側近勢力、外戚の対策は、はなはだ消極的であるが重要な役職につけない方針をたてた。そして光武政権は彼の郷土である南陽出身者でかためられたが、とくに帝と似たような教養人が重用された。前朝が外戚にたおされたとあって、彼らは一様に外戚ノイローゼにかかっていたので、その教養と相まって、おのおのが自粛したわけである。

だが、母系制の潜在力はいぜんとして低迷していたことを指摘せねばならぬ。

このころ、とくに注目すべき現象は、貴族の娘たちが熱心に儒教をまなんで教養をたかめたことである。おそらくそれは、儒教がひろく貴族階級に浸透していったせいであろう。その結果、理性のかった賢婦人タイプが続出した。この型の女性の長所は、夫の仕事の領域に進出して手助けができることである。二代明帝《めいてい》の皇后馬《ば》氏はその典型で、臣下の上奏について夫が考えあぐんだ問題でも、夫に問われると明快にときほぐし、しかも人情の機微をうがっていた。また夫と政治について語るとき一度も私事にわたることがなかったので、夫から愛され敬われたといわれる。亭主関白でとおった前漢の君主たちとはちがって、そこには新時代を思わせるものがある。

ところで、後漢における外戚専権を可能にした最大原因は、学界の通説のように皇帝が平均して若死したことにあったといえるが、これればかりは人知をこえた問題で、むしろ運命というほかはなく、いかに光武といえどもそこまでは思いおよばなかったであろう。同時に光武の対策の限界もそこにあったのである。

光武の側近対策は以上のようなものであったが、これと関連して、中央の政治機構にも重要な改革がおこなわれた。権力掌握に直接関係があるので少しくふれておこう。

それは、これまで皇帝の秘書官房であった尚書房を拡充強化したことである。事務家はだの光武が、政務を宰相にまかせきりにしないで、みずから精をだそうと考えたためである。

当時宰相は、三公といって、太尉、司徒、司空からなり、これに大将軍を加えた四府にはそれぞれ直属の役所をしたがえ、三十人内外の属官をおいていた。宰相は唐代以後とは比較にならぬほど格式の高いものであって、後漢のはじめのころは、宰相が発言しておこなわれないことはなかった。とくに人事権は宰相がにぎっていた。

漢代では唐以後と根本的にことなり、官吏の登用は試験制ではなくて推薦制であった。それゆえ、地方官の重要な任務の一つには、人材を中央に推薦する項目があった。推薦をうけた人物について、三公府の属官がよく調査し、その資料にもとづいて三公が協議し、官吏に任命する。その結果を尚書に報告し、尚書はそれを皇帝に上申するのである。

尚書にも重要な任務が課せられていて、任官された官吏の勤務評定をし、その資格のないものを摘発することになっていた。いま光武は、尚書房を拡張して定員を六名とし、その長に尚書令をおいた。これは重要なことである。尚書は制度的にも皇帝に直属して、宰相の支配をうけなかったから、二者は身分こそ大きくひらいていても、命令系統の上からは対等といえた。それどころか、やがて尚書の重用は、任免権、賞罰権という官僚の死命を制する実権を三公の手から尚書にうつすことになった。権力の座に近いものほど発言権をもつことは、どの社会にも見られる鉄則であるから、けだし当然のことというべきであろう。

さらに、詔用といって皇帝の一存で任命する場合は、三公をまたず尚書から直接だされたため、尚書のことを台閣とよぶようになった。もっとも、三公あるいは大将軍が尚書を兼任させられたときは、その限りではなかった。

光武帝の機構改革はある程度功を奏したが、制度をととのえれば目的を達成しうると考えた点に盲点があったともいえる。政治は生きものであるからである。それに、この制度の運用は皇帝の親政によって直接尚書を把握することを前提とするものであり、もしそれが不可能となると、危険をはらんでくることは当然である。宦官が権力を掌握したのは、皇帝と尚書との間のルートをおさえたからにほかならない。

外戚と宦官

光武より三代のあいだは何ごともなかった。その功の一半は、さきにあげた二代明帝の皇后馬氏にあったといえる。子の章帝《しょうてい》は母の馬后を思う至情から、馬氏一族の封爵を何度か願いでたが、馬后はそのつど先帝の遺言をたてにとってそれを退けた。それどころか、馬太后は都にふれをだし、馬氏一族にすこしでも法を犯すものがあれば厳重に処分することを命じた。また、そのころ太后の母が死んだが、そのお墓が規定より少し高かったというので兄にこれを削らせている。

このように馬后は、みずからの手で外戚専権の萌芽をかりとったのであった。自分は機《はた》を織り、蚕をかうことを楽しみとし、皇帝と朝晩政事をかたり、幼い王子たちには、みずから『論語』や経書を教えた。近親も彼女をかばい、上に立つものは民のことをよく考えて、よくよく気をつかうように忠告している。

しかし彼女が死ぬと、宮廷内部は早くも暗雲につつまれた。その張本人は章帝の皇后竇《とう》氏であった。

彼女は六歳のとき巧みに書を書いたほどで、はやくから才色兼備をうたわれていた。評判を耳にしていた章帝が一目みてすっかり心を奪われ、さすがの馬太后も目をみはったほどであったが、貴婦人になるほどわがままで嫉妬ぶかいという中国学者の意見は、まさにこの皇后にあてはまる。彼女の生家は万里の長城が西にはてる地方の大軍閥で、光武建国のときに馳せ参じ、それ以来第一級の大貴族として知られていた。それに彼女の母は竇家に下降した皇女であったから、なおしまつがわるい。

まず彼女の第一の犯行をのべよう。馬太后はわが子章帝のために、宋《そう》、梁《りょう》の二氏を妃とした。それぞれ子ができたが、そのうち馬后のかわいがった宋氏の子を皇太子に、また竇皇后には実子がなかったので梁氏の子を養子とした。馬太后が死んでしまうと、竇后は宋妃をなきものにしようと機をうかがった。ちょうどそのころ、宋妃が病気をして生きた兎が食べたいと言いだした。皇后はこれは呪いを行なうためだと因縁をつけ、妃のうんだ太子を廃しておのれの養子をかわりにたてると同時に、宋妃姉妹を一室に監禁して宦官蔡倫《さいりん》に糺問させた。そのため姉妹は毒をのんで自殺してしまった。

蔡倫ははじめて紙を発明した人類文化の大恩人として知られているが、忠節無比の知識人であった。宋妃の生んだ廃太子の子、安帝のとき、はからずも皇后の毒計にまきこまれた彼は、この事件の取調べをうけて毒をのんで自殺してしまった。

第二の犯行はこうである。竇后は犠牲をはらって養子を皇太子にした。ところが、その生母梁氏の実家がうまくいったとほくそえんでいると聞いて、皇后は皇帝に梁妃とその妹を讒言する一方、デマをとばしてその実家をおとしいれたのである。そのため当主は獄中で死に、梁妃姉妹も心痛のあまりこれまた死んでしまった。

竇后の相棒は兄の憲《けん》であった。彼は父祖以来の血をうけついで武将の器ではあったが、妹におとらず傍若無人にふるまった。身よりのすくない皇族の女をおどしてその荘園をまきあげた事実を章帝に知られ、しかもそれをごまかそうとして帝に詰問され、皇后のとりなしでやっとことなきを得たりしたこともあった。

おっとりしたなかにもきりっとしていた章帝は、三十一歳という若さで死に、つぎの和帝《わてい》がわずか十歳で即位した。当然、竇后は皇太后として摂政となり、兄の憲は侍従長として政治の機密にあずかることになった。また、その弟たちもみな侍従となり、宮廷内に強固な派閥をつくりあげた。

そこに降ってわいたようなことがおきた。皇族の一人である都郷侯暢《ときょうこうちょう》が、領地の山東から、皇帝の死をいたんで皇太后のところへ悔みに参上した。この人物がなかなかのしたたかもので、巧みに皇太后にとりいったので、権力の座にわりこまれることをおそれた兄の憲は、刺客をさしむけてこの皇族を城門の屯衛で殺害し、屯衛にいた被害者の弟を犯人にしたてあげたのである。

そこで、総理府の正義派の尚書が三公府の応援をえて探索にのりだした。憲の犯行であることはついにつきとめたが、皇太后は憲を後宮にかくまってしまった。当の憲は、死刑をおそれて匈奴討伐をみずから買ってでて、罪を贖《あがな》うことを申しでた。

匈奴といえば、かつては前漢の高祖を危うく捕虜にするほどの猛威をふるっていたが、このころになると南北に分裂し、衰弱の一途をたどっていた。この匈奴遠征の是非について、漢廷では白熱的議論がたたかわされたが、兄の罪を消そうとした竇后は、強引に反対論をおしきって遠征を決行した。

征討は悪運つよくも憲の大勝におわり、事件は一挙に逆転した。彼は塞外三千里のかなたに大勝の記念碑をたて、随行した一代の文章家班固に文をつくらせたのち意気ようようと凱旋し、功をもって大将軍に任ぜられた。しかも彼が殊勝げに封爵を辞退したとあって、大将軍の地位は宰相である三公の上位におかれ、兄弟一族は華族に列せられたのである。

これ以後、竇氏の勢力は内外を制圧した。気骨のある政府首脳部はこれに抵抗したが、その一人が辞表をたたきつけて郷里に帰る途中、憲にこびる地方官の手で毒殺されてからは、みなおじけをふるって鳴りをしずめてしまった。

やがてひそかに皇帝殺害の陰謀がささやかれるようになった。その計画を知っても和帝にはどうすることもできなかった。顔をあわせるものとては宦官だけで、外部の臣下と接することはむろんできず、もしできたとしても、みな竇憲の一味でしかなかったからである。その中にあって味方としてたのめるのは、権勢にこびず、才智と根性をあわせもった宦官の鄭《てい》衆《しゅう》ただ一人であった。帝は彼に相談すると同時に、帝と親しい腹ちがいの兄である廃太子の清《せい》河《か》王《おう》と連絡し、前漢の外戚のことを書いた班固の『前漢書』「外戚伝」を手に入れ、これを研究して対策を練った。

すでにのべたように、始祖光武帝は内外を厳重にわけ、宦官の世界を独立させたが、これが秘密漏洩をふせぐのに役に立つことになった。手筈をととのえた帝は禁軍に非常警戒線をはらせ、太后の宮殿にいる一味を一網打尽にする一方、憲から大将軍の印綬《いんじゅ》をとりあげた。帝は太后をまきぞえにしたくなかったので、憲をあらためて華族に列し、兄弟ともどもその采領の地におもむかせ、そこで自殺させたのであった。

勲功第一であった鄭衆は、功賞を辞退したことから、ますます帝の気に入り、政事万端の相談をされるようになった。これ以後、宦官が側近勢力として擡頭するようになるのである。

善意の悲劇

このころ、かつての賢夫人馬太后にまさるともおとらない皇太后の鄧《とう》氏があらわれた。この両者の間にはかなり共通点が多い。両人とも同じ身のたけで、百六十五センチあったといから当時でも大柄のほうであった。馬后は美しい髪の毛の持主であったが、鄧后は輝くような美貌と姿のよさできわだっており、宮廷に入ったときは、みなその美しさに息をのんだといわれている。また、はやく両親をうしない、家が傾いて苦労した馬后の教養の高さは定評があったが、鄧后もそれに劣らぬ才女であった。

開国以来の元勲の家にうまれ、何一つ不自由がなかった彼女は、十二歳で『詩経』『論語』を卒業し、そのあとも家事などみむきもせず学問に没頭した。そのため母が、「そなたは着物一つぬわないでいるが、博士になるつもりか」とたしなめたほどである。それからは昼は主婦の道を、夜は学問にはげみ、家族のものから「大学生」とあだ名されたという。

くしくも両者とも実子がなかったが、馬后と育ての子章帝との間に真の親子以上の情愛が見られたのに対して、鄧后の場合はそうではなかった。このことが象徴するように、そこに時代のちがいによる運命の明暗が見られる。

鄧氏は普通、外戚専権の例としてあげられるが、その真実について語っておこう。鄧妃が宮廷に入ったとき、家人が彼女に期待をかけたことは事実であった。漢廷の元老であった祖父は、われは百万の衆に将となったが、いまだ一人も妄殺したことはない、わが子孫には必ず名をおこすものがあろうと言っていたからである。

しかし、すでに和帝には皇后陰《いん》氏がいた。陰氏もやはり名門の出で、幼いころからその聡明を知られ、書芸にひいでた才女であったが、背がひくく、ときどき不作法をしでかして女官の失笑をかうという欠点があった。それに対し、鄧妃はその進退みな作法にかない、うやうやしく陰后につかえた。宴会にはいつも王妃たちが着かざって妍《けん》をきそうなかにあって、鄧妃は質素ななりをし、もし皇后と同じ色の衣服であればすぐ着更えて皇后をひきたてた。帝の下問があっても皇后が口を開くまでは答えなかったという。陰后への帝寵がおとろえると、鄧妃は皇帝が御寝に召しても、皇后への義理立てから病といつわってかたく辞退した。

鄧妃はこのようにひたすら皇后に仕えたが、彼女の善意にもかかわらず陰后は評判のよいのをねたんだ。鄧妃がこれを悲しんで自殺を決心したほどであった。陰后はついには皇帝をうらみ、呪いの祈願をかけたことが露見して廃せられ、ついに憂死した。

鄧妃はあとを継いで皇后になった。そのとき、地方からの献上品は紙と墨の他はことごとく退け、また皇帝が鄧氏一族に官爵を与えようとしたのにもこれを断わった。もっとも、このように非のうちどころのない彼女のしぐさと理知のつめたさが、いくらかの反感をもたれたのも事実である。

和帝は二十七歳で死んだが、この皇帝は子ども運にめぐまれず、長男を除いてこれまで生まれた十数人の皇子をつぎつぎに死なせた。そればかりでなく幸いにして生きのびた長男に痼疾《こしつ》があったので、とてもこの皇子には皇帝はつとまらないと判断されていた。そのため、最後に生まれた皇子はひそかに民間で養育されたが、群臣はだれ一人このことを知らなかった。鄧后はこの生まれてわずか百日あまりの皇子をむかえて帝位につけたのであった。しかし、このやり方はあまりすっきりとしたものといいかねる。群臣たちは鄧后のいうように長男の皇子に痼疾があるとは受けとらず、かえって彼女に野心があるのではないかと白眼視した。

ところで鄧后は、生まれてくる皇子がつぎつぎと若死したために、せっかく自分が引き立てた幼帝も同じ運命をたどるのではないかと疑った。そこで万一の用心をして、和帝と許しあった仲の廃太子清河王の子どもを領地から迎えて、都にある王の藩邸にとどめて継嗣に備えた。

はたして翌年幼帝は死に、鄧后は兄の騭《しつ》とはかって清河王の王子をくらいにつけた。これが安帝である。これから摂政としての鄧后の献身的な努力がはじまる。これまでのぜいたくな宮廷の食費、衣料費、道具費を大幅にへらし、地方からの貢物も半減し、狩猟用の鷹や犬を売りはらい、さらに、不作続きというので諸工事も九割を中止させた。

このようにして鄧后の十七年にわたる摂政政治がつづいた。それは決してなまやさしい期間とはいえない。水害や旱魃の年は十回あり、一方外からは異民族が侵入し、内には盗賊がおこった。そのなかにあって民の飢えをきいては朝まで眠れぬこともあったが、后の献身のお蔭で世の中はまた平和になり豊かになった。

だが、なんという皮肉なまわりあわせであろう。鄧后の善政は、この王朝の支配体制を根底からくつがえす遠因となった。

光武帝が府中と宮中とを厳重に遮断した例の改革が物をいいだしたのである。儒教にくわしい鄧后は、男子禁制を固守して大臣以下の官僚と接しなかったから、勢い政令はみな宦官を通じてだされていた。鄧后の側近には、和帝の粛清に大功をたてた謹直な鄭衆や、博士たちによる経典のテキスト校定を主宰した博学の蔡倫らがいて后を助けたが、制度上からやむをえなかったとはいえ、結果的には宦官の発言権の固定化と、宦官の大幅な増員による勢力の強化をまねくことになった。

また兄の騭もよく鄧后を助けた。彼は安帝擁立の功による封爵を辞退し、よき政治を念願して儒教的教養のたかい幾多の人材を登用した。その中には、深い学殖と清廉な人格によって「関西の孔子」と敬われた楊震《ようしん》がいた。だが、これら儒者官僚たちは鄧氏兄妹の支持あってこそ羽をのばすことができたが、この兄妹がいなくなれば、濁流である宦官勢力とやがて水火の関係となることは、十分に予測されるところである。

鄧后の摂政は、一面では安帝を外戚の閻《えん》氏や宦官などの側近勢力の方においやって、逆に政権から儒者官僚をしりぞける結果になった。原因は鄧后が政権を安帝にわたさなかったからとされている。あるとき一人の官僚が鄧后に、安帝が成人した以上はやく政権をかえすべきを上奏したところ、后は大いに怒り、この男は麻袋に入れられてなぐり殺される羽目におちいった。実は后の方には政権を渡せない理由があった。聡明と思われた安帝が、年とともに非行が多くなり、そこが后の気に入らなかったからであった。

このころ、安帝の周囲は悪の巣窟となっていた。かしましい乳母の王聖《おうせい》、淫婦であるその娘、領地から帝を迎えて以来、側近となった宦官の李閏《りじゅん》、江京《こうけい》らが帝の取巻きであったが、なかでも王聖は、鄧太后が安帝を廃するかも知れぬと帝を不安におとしいれ、他のものも日夜太后の悪口をつげたので、若い安帝は憤怒の念をもやしつづけていたのである。かくして、せっかくの鄧氏兄妹の善意も、目的とは逆に刻々と累卵のあやうきをまねいたのであった。

鄧太后が死んで、はれて安帝の天下になると、さきの取巻きたちや外戚閻氏の策謀で、鄧氏一族は庶民に格下げされた上、騭だけは華族として領地に赴かせられたが、他は故郷に追放された。鄧氏兄妹に引き立てられていた儒者官僚たちも大きく後退することを余儀なくされたのである。

任侠な宦官

中国の学者は鄧后の執政を批評するとき、『書経』の「牝鶏がときをつくるときは、その家はおしまいだ」とある文句を引用する。いささか酷な批評だが、歴史はその言葉のとおり進行していった。

安帝の親政がはじまると、宦官江京、李閏らは皇后大夫になり、皇后閻氏の一族はともに華族に列せられた。彼らは乳母の王聖母子と結んで内外を煽動し、わがもの顔にふるまいだした。これらの宦官たちは、皇帝にかわって墓参りに行けば地方官や人民を苦しめ、また官物をよこながしして自分らの豪壮な住宅をたて、あるいは同族を官吏にするようせまったりした。これに対し、清流派の領袖《りょうしゅう》であった宰相楊震《ようしん》は、彼らの要求をはねつけ、あるいはその非道をたしなめたりしたが、逆に職をやめさせられ、郷里にかえる途中で服毒自殺をした。

領袖を失った正義派官僚十五人は、これに抗議して宮廷の城門に坐りこみを敢行したが、宦官たちは勅語をたてにとってこれを解散させた。この種の実力行動はこれまでついぞ見なかったものである。

このころ、これら悪党は皇太子を廃しようとたくらんだ。この皇子は閻皇后の実子ではなく李《り》妃にできたのであるが、嫉妬ぶかい皇后はさきに李氏を毒殺してしまっていたので、この陰謀に加わり、ついに皇太子を廃してしまった。

安帝は学問がきらいで、そのため博士の講習はなく、大学は廃墟と化し、野菜畑ができて牧童たちが草を刈りにくる有様であった。儒教帝国としては未曽有のできごとである。この安帝が旅先で急死すると、同行していた皇后は、兄弟や宦官江京、李閏らとはかって喪を秘し、いそいで帰還した。それは皇后が国政をながく掌中におさめるべく、ぬきうちにロボット皇帝をたてるためであった。

彼らは目的を達すると、今度は仲間の異分子の粛清をはじめ、乳母王聖やそれにくみする宦官を追放した。しかし、肝心のロボット皇帝の北郷侯《ほっきょうこう》が急死したため、あわててその後釜を物色しだした。このとき、任侠な宦官孫程《そんてい》がいた。彼は父の葬式にも参列できなかった廃太子と廃太子付の宦官の身をあわれみ、一味十九人と蹶起《けっき》を誓った。地震のあった十一月の一夜、禁門にいた江京ら宦官首脳部をきりたおし、さらに宦官族に支配力をもつ李閏を白刃でおびやかし、ついに廃太子を帝位につけた。これが順帝《じゅんてい》である。一方、皇太后とその一味は禁軍をひきいて防戦したがおよばず、ついに孫程側の勝利におわった。

孫程にはもう一つ手柄話がある。そのころ、警視総監であった硬骨漢の虞詡《ぐく》が宦官張防《ちょうぼう》の汚職を弾劾したところ、逆に牢にほうりこまれ、殺されることになった。孫程らは順帝に面接をもとめ、帝にむかって詡の忠節をたたえたうえ、改めてクーデターの精神を説き、一方、帝の後に立っていた宦官張防をにらみつけ「なんじ姦臣、殿上からさがりおろう」とどなりつけた。あやうく助かった詡は、このあと一代の名臣左雄《さゆう》を尚書にとりたてた。左雄も政治の粛清につとめ、多くの人材を登用した。そのなかには、のちに宦官勢力に血みどろの戦いをいどんだ清流官僚の陳蕃《ちんばん》、李膺《りよう》らがいた。

宦官時代

順帝のときのクーデターが正義派の宦官による義挙の形をとり、そのあとの粛清も彼らによっておしすすめられたことは宦官時代の到来をおもわせる。宦官を目の敵とする虞詡のような清流官僚が、その宦官に救われたのだから妙な話である。それというのも、旧型官僚をはじめ社会の上層部が全国的に腐敗堕落をきわめていたからである。さきに虞詡が汚職宦官を攻撃したが、その汚職の内容は猟官運動による収賄にあった。コネと贈賄とへつらいが任官のほとんどといって差支えない。現に、官吏の任命権をもつ三公たちが、汚職宦官に味方して逆に虞詡を攻撃していることからもその実情が察せられる。

漢代の官吏の採用は推薦制で、前漢では儒教の教養のあるものを採用したが、学者かならずしも優れた人物とはかぎらず、その結果が王莽の魔術をまねいた。そのため後漢では人物本位に採用することにした。その規準は道徳政治のたてまえから、孝廉、すなわち親孝行か清廉できこえた人間に限ったのである。だが終局には、推薦制は一にかかって採用者と推薦者の良心の問題に帰着する。この時代になると中央では宦官に、地方では豪族の勢力におされ、孝廉も名目にすぎず、実際は金と権力に左右されるようになったのである。さらに後になると官職が売りにだされ、魏の曹操の父親は、一億万銭で三公の一つである太尉の職を買っている。その弊害はおして知るべしである。

金と権力がすべてということは、要するにすべてが力関係で動くということであろう。そしてその力が効果的に発揮できたのは集団の形においてである。この時代、社会のあらゆる階層は、徒党をくんで国家の利益よりはまず自己の派閥の利益をはかった。さらに、力にものをいわせてその利益を収めようと、ダイナミックな圧力、たとえば大衆デモなどの手段にうったえるようになった。さきの虞詡の場合でも、宦官の圧力のほかに彼の門下生三百人が坐りこみ、強訴《ごうそ》をおこなったのである。

以後の政局は、このような動きによって支配された。

ここで注目すべきことは、順帝が宦官の功にむくいるためにとった処置である。それは宦官に対し、彼らが養子をむかえて襲爵することを許可したことである。これまで、宦官は栄爵をうけても一代かぎりであったが、この世襲は宦官貴族の地位の固定化に役立ち、同時に、漢代社会に濃厚な封建的身分制をやぶる突破口ともなった。すなわち、身分のいやしい宦官たちは、自己の親戚、あるいは他人、さらに奴隷の子を養子にしたからである。この制度のお蔭で三国時代の魏の曹操がうかびあがることができた。彼の祖父曹騰《そうとう》は順帝の幼いときの宦官学友で、クーデター後は宦官大臣として帝につかえていたのであった。

このあと、後漢最大の勢力をもった外戚梁貴《りょうき》がでた。この男には気に入らぬ人物は殺し屋をやとって消してしまうぐらいの能力しかなかったが、さきにのべた集団の威力によって無比の権勢をふるうことができた。彼の場合、自分の家から三人の皇后を送りこんだが、同時に曹騰派の宦官勢力とむすんだ。さらに彼の妻がしたたかもので、終世梁貴は頭を押えられどおしであったから、結局、夫婦という複数を中心に集団化に成功したといえよう。この梁氏の重圧にたえられなかった桓帝は、その監視の目をぬすみ、例のトイレットの中で反梁貴派の宦官と梁氏打倒の密議をおこなった。このとき、首謀者の単超《ぜんちょう》ら五人の宦官は、帝の腹の底がわからぬと言ったので、奇妙なやりかただが、桓帝は超の臂《ひじ》をかんで血を出し、それをもって誓いのしるしとなした。彼らの力によって、さしもの梁氏もついに没落したのであった。

功をもってこの五人の宦官は華族になったが、彼らはただ反梁派というだけでさきの正義派とはまるでちがい、これをきっかけに権勢をふるい、兄弟一族は地方長官となって天下に害毒をながした。漢の官吏推薦制は、こういうときにその制度の欠点をさらけだす。その点、唐以後の試験制では、宦官の一族が地方官になることはほとんどありえなかった。

桓帝が死ぬと継嗣がなかったので、皇后の竇氏は父の武とはかり、皇族のうちからもっとも賢いとされている霊帝《れいてい》をむかえて即位させた。この竇氏は、さきに専権のゆえに宦官に滅ぼされた竇氏と同族であった。竇后は先代と同じく嫉妬ぶかく、桓帝の愛妾を殺し、さらに王妃たちをみな殺しにしようとしたが、これは宦官に諫められてやめた。しかし、父の武は清廉な清流官僚の領袖で、三万人の大学生の支持をうけた陳蕃、李膺らを登用した。珍しく外戚と正義派官僚とが手をつないだわけである。これは逆にいえば、それだけ宦官勢力が強かったからだともいえよう。李膺は警視総監として宦官の不法者をきびしく取りしまったために、宦官大臣たちですらふるえあがって、休日にも外出できぬ有様であった。

そこで宦官たちは結束し、単純で保守的な太后をまるめこんでこれに対抗することに成功した。太后の宮殿が宮廷とはなれているのが幸いしたのである。これを見た武らは、一挙に武力によって宦官をたおす計画をたてた。しかし中途で思わぬ失敗をまねいた。これまでは、宦官が孤立すると弱いという点をついて有力な宦官を一人ずつ倒していたが、こんどは一挙に全滅させる計画がたてられ、その上奏文が太后の手もとにだされていた。それを盗み見した宦官は愕然として、罪のないものまで殺すとは何ごとかと怒りだし、これが梃子《てこ》になって逆に宦官たちは血をすすりあって結盟し、先制攻撃を加えたのである。竇氏をはじめ清流官僚は、そのため根こそぎたおされてしまった。

このあと、まったくの宦官時代が現出する。それはまた新時代のあけぼのでもあった。そこにはこれまで見られなかったような種々相が展開してくる。これまで後漢の皇后はほとんど貴族の出にかぎられていたが、霊帝の皇后である何《か》氏は屠畜業者の出であり、しかも彼女は、同じ土地からでている宦官の推薦で宮廷に入った。彼女が一人の王妃を毒殺して、あやうく廃されようとしたとき、皇后をかばったのもまた宦官たちであった。兄の何進が宦官覆滅の計をたてて露見したとき、宦官から亡恩の徒としてののしられたのは、みな宦官勢力によって出世した連中であったからである。そういえば、何進の相棒で、宦官の養子の曹操と同じくのちの英雄時代に活躍した袁紹《えんしょう》も、貴族の出ではあったがけっして清流ではなかった。彼の父は外戚梁貴の腰ぎんちゃくであり、一方、宦官大臣袁赦《えんしゃ》から同姓のよしみというのでひきたてられた、いわば宦官派の貴族であった。

文化的にも、このころすでに仏教が普及し、霊帝のときは国学である経学に対して詩や文章、それに書画といった文芸芸術を尊重し、それにひいでた連中を宮廷に入れた。また、それを教授する大学、すなわち鴻都門学（鴻都門は宮廷の城門名）をおき、そこの出身者を官吏に任命した。詩文書画というと聞こえがよいが、おそらく民謡、流行歌や工芸細工といった卑俗なたぐいであり、貴族や士大夫階級の軽蔑する世俗的な職人芸であった。まずは宦官的文化といえよう。しかし、時代の経過とともにのちの六朝時代になると、この卑俗なものが洗練されて文化の主流となったのである。

つぎの献帝《けんてい》のとき、何進が宦官打倒をはかって逆に宦官にきり殺される事件がおこる。袁紹は部下をひきいて宮廷になぐりこみをかけ、ついに宦官二千人をことごとく殺させてしまった。なかには眉毛やひげがなかったため、宦官とまちがえられて殺された人もいたという。

このようにして、側近勢力であった外戚と宦官とは、たがいに刺しちがえ、ともだおれに終わった。そして同時に漢王朝もほろびてしまったのである。

第四章　女禍と宦官　―唐

美と背徳の都、長安

唐代は、漢、明とならんで宦官の専横をきわめた時代であったが、そこに一種独特な異常さがみられる。すなわち、唐朝の後半百年間に九人の皇帝が即位したが、七人まではことごとく宦官がもりたてたものであるし、そうでなかった他の二人の皇帝はその手で殺害されているからである。漢や明にはなかったこういう異常さは、やはりその時代の反映と見るほかはない。そこで、唐代の時代相について簡単な素描をこころみよう。

まず宗教であるが、唐代には中国固有の民間宗教である道教や、仏教、拝火教の一種のマニ教、キリスト教の一派のネストル教など多くの宗教がおこなわれていた。さしあたり宗教は花ざかりというところである。このうち本命は仏教、対抗馬は道教で、上は皇帝、貴族から、下は庶民にいたるまで、そのいずれかに熱心に帰依《きえ》した。

これら二つの宗教は、本来禁欲的な性格をもつはずであるが、唐代人に働きかけた場合、逆に人間的欲望を存分に満たす作用となってあらわれたのであった。そのことは、高祖に仏法の禁止を説いた上奏文のうち、当時の仏教のあり方についてのべたものが端的に物語っている。それによると、

「過去の罪を懺悔して将来の福をねがい、ために万銭をほどこし万倍の報をねがい、一日の斎《とき》で百日の糧をねがう。また刑罰に捕えられれば獄中で仏を礼拝して罪を免れることを念ず。かつ生と死、長命と短命、罪刑と福徳、高貴と貧賤はみな仏の手中にありとなす」

とある。これは、当時の一般人の仏教信仰の性格が現世宗教であったことを示したものといえる。そこには死後の不安などはみじんも見られず、あるものとては限りない物欲の世界だけである。要するに、すべては仏が護ってくれるから存分に人間的欲望を享楽しようというわけで、現実の悪もみな帳消しにされるのであった。したがって、唐代人は宗教的熱情をかたむけて憑かれたように人間的享楽に没頭したのである。

ヨーロッパの中世を宗教時代というならば、この意味において唐代もまた宗教時代であったと言うことができる。ただちがうところは、前者が異端を排してキリスト教の存在しか認めず、しかも教義のうえでは禁欲主義であったのに対し、後者が仏教ないし道教など多彩な宗教の共存を認め、それらが享楽主義であったということであろう。

この事実は、戦後におけるわが国のクリスマスの行事のようなもので、禁欲的なキリスト

教の名において狂躁的な享楽に沈潜するのに似ている。思うに、戦争中の禁欲的な国家主義からの解放感が、反動的に舶来思想のレッテルをつけることによって、一段とふかまるということではなかろうか。

唐代人の場合、かつての禁欲的な国家主義とは儒教にほかならぬ。漢帝国成立の精神的基盤であった儒教が、後漢末になると退潮した原因を要約すると、この時代の儒教が本来の性格から逸脱して、人間性に反した極端な偽善的行為を要求する教条にかわり、それに対する不信が高まったためと思われる。たとえば当時、孝廉ということがやかましくいわれたが、孝行のうち一番大切なのは親の死に対する礼であった。親が死ぬとその墓のそばに小屋を立て、麻衣をきて三年間そこにこもって一歩も外にでず、大声で日夜泣きとおす。その間、肉食もせず婦人にも接しない。終わったときは、病みおとろえて担架にのって帰るのである。

この、度をこえた禁欲的かつ被虐的な教えに対する反感は当然反動をよんだ。魏晋時代になると、がぜんそれらを否定する虚無思想、すなわち老荘思想がはやったのもゆえなしとしない。

しかし、人間の弱さは虚無思想に定住することはできないのである。おりしも西域から仏法がはいってきた。それによれば、現実は幻で彼岸の世界こそ安住の世界であると説く。当時の人にはこの思想がうけた。それに彼岸の世界の象徴としての仏寺仏像がある。壁面に極彩色の絵がかかれ、安置された金色の女体の裸像は、これまで想像だにしなかった夢幻の世界をつくりだした。そこではエキゾチズムがただよい、しびれるような感覚の享楽が目ざめる。一歩外界にでれば、今まで現実と考えられたものはすべて幻にすぎぬ。一体どこに善悪の客観的な規準が存在しようか。確実にあるものは、わが感覚、わが欲望だけである。「我れは世の中で何を善人といい、何を悪人というかは知らない。ただ我れに善きものを善人、我れに悪《あ》しきものを悪人となすのみ」とうそぶいた則天武后の甥、武三思《ぶさんし》の言葉がこの境地を端的に物語っている。

楊貴妃のお蔭で栄華の絶頂にあった楊国忠《ようこくちゅう》は、「わが家はもと貧寒であったが、今はこのとおりの羽振りである。将来どうなるかは知らないし、またこのままで往生できるとも思えない。だからただただしばらくの間、とことんまで享楽にふけるだけだ」と言った。ここにもまた、さらに徹底した利那的享楽主義が見られよう。

こういう自己中心的な考え方と背徳は、唐代人の一般的な傾向と言える。いまそのことを代表的な文化人についてみよう。王維《おうい》は有名な詩人であり、南宗画《なんしゅうが》の始祖であり、音楽家でかつ仏教を信じた人である。弟の縉《しん》も兄におとらぬ仏教信者であったが、同時に親孝行、兄弟愛の持主としても知られていた。その彼が、ひとたび宰相として代宗《だいそう》につかえるようになってからは賄賂政治をおこなう無類の悪臣となった。帝に仏教をすすめて狂信の徒となし、宮廷に道場をもうけては僧侶の跋扈を許し、仏事につかう国費は莫大な額にのぼった。しまいには、君臣ともにすべては因果応報によるとして政治をまったくかえりみなかった。親孝行で有名な官吏王鉷《おうこう》は、苛酷な税をとりたて、私腹をこやし、その金でたてた壮麗な寺院の壁画があまりによくできたため、その美を独占しようとして、作者である画工十八人をみな殺しにしてお寺の穴にうずめてしまった。

このようであって見れば、唐代社会が後漢の時代に見られたきびしい儒教主義の社会とはおよそ対蹠的なものであったことが理解されよう。これを要するに、唐代の仏教は人間欲望肯定の思想として、また儒教からの解放思想として作用したのであった。いまひとつの道教は、もともと不老長寿が表看板だから、人間の最大の欲望に便乗したまでである。

唐代は漢民族、モンゴル、トルコ、ツングース、さては白色人種のイラン民族など、多くの民族をまじえた国際色ゆたかな世界帝国であり、漢代や、のちの宋代に見られるような漢民族中心主義の国家ではなかった。したがって、排他的な国粋思想である儒教ははやらず、普遍性をもった文化が普及していたのである。その国際文化の中心が当時世界最大の都市、長安であった。そこでは、服装や音楽や女歌手にも舶来文化がとりいれられ、あらゆる人種が往来していたため、国家主義とか忠義の思想などとは無縁で、もっぱら美と官能の享楽に耽溺していた。

文が尊重され、武がいやしめられたのもまた当然であった。農民を母体にした徴兵制がしかれてはいたものの、すでに六朝以来、二世紀にわたる南北抗争による戦禍にまきこまれた結果、彼らのあいだには厭戦思想がひろまり、兵役の義務のない貴族の荘園の奴隷としてにげこむものが多かった。

豪華けんらんの文化をほこる唐帝国の一面は、このようなものであった。その構造はいわば寄木細工のようなものといえよう。ただ、伝統にこだわらず、すこぶる現実的であった唐代人は、細工のつぎめの欠陥を、その場の応急処置で巧みにきりぬけていったのであった。

新しい型の名君

一王朝に見られる君主のタイプは、その王朝の創始者によって大体の輪郭が設定されるものである。唐朝では二代太宗がその任務をはたしている。

唐の太宗は、古今にわたって数少ない名君の一人とされている。その威風堂々たる風采、迷信を排斥し、儒教の精神をもって政治の方針としたこと、人材をあつめたことなど、みな名君の内容をなすものであった。その言行をしるしたのが、古来帝王学の教科書と見られてきた『貞観政要《じょうがんせいよう》』である。

太宗がこれまでの君主にくらべてとくに名君とされた点は、よく臣下の諫言をうけいれたことにある。直諫の臣の筆頭は有名な魏徴《ぎちょう》で、前後二百回に及んだといわれる。他の臣下も入れかわり立ちかわり太宗をいさめた。その内容は、狩をしてはいかぬとか、宮殿の工事を止めよとか、弟の妃を自分の妾にするのはよろしくないとかいうたぐいで、数えあげればきりがない。太宗はそのつど感謝して、お礼に金や絹や、時には二百万銭もする邸を買って与えている。

このような低姿勢をもって臨んだ君主はかつてなかった。漢の武帝や宣帝は高圧的な武断政治をおこない、臣下の諫言をきかぬことで有名だが、それでも宣帝などはやはり名君のうちに入っている。それにくらべると、話合いの政治を旨とした太宗はまさしく新しい君主のタイプを創《つく》り上げたものといえよう。

それは、単に太宗の天性によるだけではなく、一面には作為的にとった態度とも考えられる。その証拠に、魏徴が、「太宗は貞観の初めには喜んで臣下の諫言に従ったが、のちになると、力《つと》めてきこうとしたものの、内心は不愉快をきわめていた」と言っている。これで見ると、太宗は見かけによらず、幾分コンプレックスをもった知識人タイプの君主であったようだ。彼が名君であったのは、どこまでが本心でどこまでが演出かが、常人にはわかりかねるという神技の所有者であった点にあるのではなかろうか。

太宗があきることなく直諫をうけいれたいまひとつの理由としては、暴君隋の煬帝《ようだい》のようにならないためであった。煬帝は諫言をにくんで、「諫めるものあらば、その当座は殺さずとも、いずれは地上に生かしておかぬ」と言い、それを実行したので、臣下はみな口をつぐみ、結局国を亡ぼしたのであった。太宗もそれを知っていたし、諫めるほうもこの点を心得、まず「帝が煬帝とならないためには」ということを切り札に使ったといわれる。

考えて見ると、この太宗の態度は、この時代にとるべき適切な君主としてのポーズであったかもしれぬ。中国はこれまで二世紀にわたり、南北にわかれて争ったいわゆる南北朝時代であった。北朝が殺伐な蛮族国家、南朝が文化主義を奉ずる漢民族の貴族国家であった。北朝の系統をひく唐が南朝の文化人貴族を包括するためには、低姿勢、話合いの政治がもっとも効果的であったことはいうまでもない。太宗が遺言を託した二人のうち、書道の大家として後世まで知られた褚遂良《ちょすいりょう》は南朝の名門の出であったことは、その成功の一例である。

なおそのことには、太宗に文化人的なコンプレックスがあったことも指摘しなければなるまい。太宗が死ぬとき、墓の中に、書聖といわれた王羲之《おうぎし》の書をうずめることを遺言した。文化を愛するの心情からともいえるが、君主としてはいささかきざな態度であろう。

それにしても、南朝系の典麗な貴族趣味にあこがれたことは事実である。太宗がおのれの家系の社会的地位を臣下に尋ねたところ、天下で第三番目の家柄と答申したという話は有名であるが、漢の高祖が、立派な系図を作りましょうという家来の申し出に、百姓出で沢山だと歯牙にもかけなかったこととくらべると対蹠的でおもしろい。これは太宗のコンプレックスのあらわれであるが、家臣が大まけにまけても、結局、家の格づけが中国で三番目にしかならなかったということは、きく方にも答える方にも複雑な心境があったことは想像にかたくない。事実、太宗の家が河北省に移りすんだ北方民族の出であったことは、最近における中国の学者の研究の結論として疑いない。

一方、貞節と聡明できこえた太宗の皇后王《おう》氏は、トルコ系種族に属するセンピ族の出であった。そして実は、この点に太宗の家の悲劇があったのである。

皇太子は父に似てさらに犯罪的な二重人格者であった。そして若さからくる正直さが破綻を招いたのである。皇太子は北族の血をひいて狩猟や戦争遊びが大好きであったが、かまえた姿勢の父の皇帝をおそれ、外廷ではもっともな顔をしていつも臣下と忠孝を論じ、はては涙まで流すという殊勝さを示し、みなに賢太子とほめたたえられた。しかし、内廷に帰ると別人のごとく変わった。宮廷からにげた奴隷をあつめて民間の馬牛を盗ませ、八尺の銅火鉢をかこんでみなとその牛でジンギスカン料理をつくってたべた。また、トルコ語やトルコ人の服飾が好きで、トルコ人に似た五人の男を辮髪《べんぱつ》にして羊の皮衣を着せ、五匹の狼の頭をかいた旗をたててテントの中に坐りこんでいた。そしてまた、「我れ天子とならば、情欲に没入し、諫めるものはその場で殺す。数百人を殺せば、自ら定まる」と口にしていたおそるべき鬼子であった。

この太子と対蹠的なのは第四子の魏王《ぎおう》であった。南朝貴族のもつ教養をゆたかに身につけた才子肌の皇子で、当然のことながら太宗の気に入り、兄を皇太子の地位からおとして自分が代わろうというだいそれた野心をもち、それ以来一段と君子ぶって評判をたかめようとした。

弟を憎んだ皇太子は、壮夫百余人をひきいて魏王を殺そうとしたこともあって、ついに喧嘩両成敗で、結局皇太子はおとなしくて気の弱い第八皇子の晋王《しんおう》にきまった。

この間、皇后の兄の長孫無忌《ちようそんぶき》や房玄齢《ぼうげんれい》、褚遂良の前で、太宗は「我が心はまったくはりを失った」と言ってベッドに身を投げ、やにわに刀を抜いて自殺しようとする劇的な場面があったりした。太宗の命は遂良がその刀をとりあげたので事なきをえたが、そのあとで、太宗は群臣に後継者をどうするかについてたずねた。

継嗣のことで、一時はお家騒動がどう発展するかと不安におののいていた臣下たちは、おとなしい晋王、のちの高宗《こうそう》が皇太子と内定したらしいことを知ると、ほっとしたのであろう、歓声をあげて、「晋王は仁孝、まさに嗣とすべし」と言った。太宗はこれを聞くと大いに喜び、晋王の後嗣たることを決定したのであった。

このあたりになると、君主も臣下もどこまで本心なのか芝居なのかわかりかねる。しかし、この歓呼の声が、実は思いもかけぬ自分たちの葬送曲であったことは悲劇というほかはない。そこには則天武后の大虐殺がまちうけていたからである。

空前絶後の女性

女禍というのは、王妃あるいは皇女が自己の能力をもって権勢をふるった事実を意味する。漢代の場合は、皇太后として女性が母系家族とくんで政権をにぎっていたので、唐代のそれとはおのずから性格がことなっている。

清朝の史家趙翼《ちょうよく》は、その著『二十二史箚記《さつき》』の中で、

「因果応報説というものは漢としたものであるが、全然信じないというわけにはいかぬ。唐の高祖の挙兵は女色をもっておこり、また玄宗以後国勢がふるわなくなったのは玄宗の女寵にその一因がある。女色をもって起こったものは女色をもって敗れると見ねばならぬ」

と述べているが、高祖が女色をもって起こったというのはつぎのような事実である。高祖がまだ隋に仕えて晋陽留守《しんようるす》の官であったとき、晋陽宮の副監の裴寂《はいせき》が太宗の意をうけて、隋の皇帝の宮妃を内密に家臣である高祖に侍らした。こののち太宗が兵をあげるとき、寂を通じて高祖にも同調を強い、もしきかなければさきの宮妃の一件をばらすと脅迫したので、ついに高祖も挙兵に加わったのである。

唐朝の君主が好色とか女に弱いのは始祖ゆずりということになるが、趙翼流にいえば、父の好色をたねにゆすった太宗が自分の子高宗のときに女性に復讐されたことも、因果応報というべきであろう。その女性が有名な則天武后であった。

彼女については林語堂氏が巧みな比喩でその人柄を説明している。氏は、昔の長安であった現在の西安郊外にある武后の父の陵を見学したのであったが、彼女に生得な犯罪行為と高度の知能がむすびついた珍しい性格に興味を見出したのである。

氏によると、「彼女と比較できる他の有名な女性といえばちょっと見あたらないが、さしずめエリザベス一世女王の一部とカトリイヌ・ド・メディシスの一部、すなわち前者の力と後者の残忍性が結びついたものだ」という。また妾であり、簒奪者であり、皇后であり、さらに女帝でもあった彼女は、史上のどんな男の陰謀家も顔負けするほど前例を破壊し、新機軸をうみ出し、混乱をおこした。そのやり口はまさに独裁者スターリンを女にしたと考えれば間違いない、と結論づけている。林語堂氏の説明をもってしてもこれだけでは彼女のイメージを簡単に想像することはできないが、歴史上、空前絶後の女性が出現したことだけは理解できよう。

この途方もない女性は、実は老帝の死とともに髪をきって尼寺にはいったのであるが、気の弱いてんかん持ちの高宗が、柄にもなく父の妾に恋をしたのが運のつきで、せっかく檻の中につないだ牝のライオンをつれだしてきたような結果になった。

武后は手はじめに自分の産んだ赤児を床の中で殺してその罪を皇后にかぶせ、高宗の熱愛している愛妾とともに失脚させることに成功した。つぎに太宗の遺言執行人であった大黒柱の長孫無忌と褚遂良とをけすことができた。あとは宮廷内部の真空地帯である。何一つ妨げになるものはなかった。その結果、皇太子であったおのれの実子二人をはじめ、太宗、高宗の兄弟一族七十余人、宰相、大臣級の高官三十六人をみな殺してしまった。

この粛清政治の烈しさが当時の官僚に与えた恐怖感と、彼らの処世のむずかしさとを物語る話がある。昼あんどんと呼ばれた宰相の婁師徳《ろうしとく》が、息子の初任官にあたってその心構えをたずねたところ、息子は、他人が己れの顔に青痰《あおたん》をはきかけたら黙ってぬぐいとると答えた。老宰相は嘆息して、「お前は見込みがない。ぬぐいとるということがそもそも反抗をしめすものだ。わしなら自然にかわくまでじっとしておく」と諭したという話である。

この老宰相にはもう一つ逸話がある。頭脳明晰な武后は国事の裁決を流れるように下したというだけあって、官僚の逸材はどしどし登用した。その中に有名な宰相狄仁傑《てきじんけつ》がいた。彼は玄宗朝に活躍した唐朝でも屈指の名臣たちをひきたてた人物であるが、武后に意見をとわれた時、まず最初になすべきことは昼あんどんの婁師徳を追い払うことだと答えた。武后はにやりと笑って、実はお前を推薦した男があの昼あんどんだと言ったということである。

この武后は、息子の中宗《ちゅうそう》を皇帝の座からおろしてみずから皇帝になり、ついに唐朝も廃してしまった。漢の呂后も女帝ではあったが、武后は名実ともに帝国の支配者になったのである。

しかし、いかに彼女に権勢があるからといって、歴史にその例を見ない女帝になることはそう簡単にいかない。神秘や奇蹟といった不条理をたてまえとする宗教時代のお蔭で事がうまく運ばれたのである。というのは、官吏が排仏を上奏して、このごろ娘が尼になると親や兄弟がそれを礼拝するが、人倫の上から許せないと言っていることからもわかるように、これまでの常識的な儒教の教えも仏の権威のまえには通用しない社会一般の状態であったからである。武后はそんな世相を背景にして、情夫の僧正がでっち上げた謀略でまんまと皇帝になった。すなわち『大雲経』の説くところによると、将来弥勒菩薩《みろくぼさつ》が女帝となってこの世に下生し、世なおしをするとあるが、武后こそはまさにその化身であるというのである。もちろん『大雲経』が僧正らのつくった偽ものであることはいうまでもない。そこで武后は早速、弥勒仏になりすました。中国の弥勒仏は端麗な日本のそれとちがって太鼓腹をだした福相の布袋《ほてい》さんをさすのである。武后をなぜこの仏にしたかというと、林語堂氏の説では、僧正が武后を膝の上にのせたときの姿が弥勒仏にそっくりであったからというが、いかがなものか。

ここにいたって唐朝の女禍はクライマックスに達した。

しかし、女帝が八十三歳で病床につくと、彼女がその才を買ってもちいた臣下によってクーデターがおこされ、中宗が迎えられてふたたび唐朝がよみがえった。だが女禍はこれで終わったわけではなく、中宗の皇后韋《い》氏を中心にした集団的女禍がそのあとに続く。

中宗は武后の第三子で、その柔弱さを愛されて皇太子になった。武后の長男は学究肌の正義派であったので武后に殺されたし、二男は快活な武人肌であったので追放された。中宗の王妃は武后に憎まれ、牢に入れられて餓死したが、中宗が位についたのは、后をおそれて王妃を一度も見舞わなかったというふぬけさを買われたのである。その後、中宗が帝位を追われ、湖北省に流寓していたときに妃の韋氏が慰めてくれたというので、復位の暁は好きなことをさせようと約束した。それがはたされることになったのである。

韋后の相棒は武三思と王妃上官氏であったが、さらにもう一人の有力な女性がいた。それは韋后の娘の安楽公主《あんらくこうしゅ》で、その夫は武三思のむすこであった。この公主は則天武后とは別な意味での女禍の新型を発明した。それは彼女がしばしば中宗に願いでていた皇太女になることであった。母の武后にならって女帝を志したのである。

これに不安を感じた本ものの皇太子衛王《えいおう》は、近衛兵をひきいて武三思親子を殺し、さらに宮廷にきりこんだが、父中宗の目の前であえなく敗退した。猛勇をもって知られた宮廷守護長の宦官楊思勗《ようしきょく》が、太子側の司令官の息子を一刀の下にきりすてたのがそのきっかけである。

このあと、安楽公主、韋后の妹、それに上官氏ら後宮に巣くう女性側近者の数人がくんで、おのれらの贅沢する費用をかせいだ。唐制では官吏の任免は吏部でおこなうが、墨勅といって皇帝が直接お墨付を出して任用する制があった。彼女らはそれを利用して一通三十万銭で官吏の職を売りつけ、数千人の定員外官吏をつくりあげたのである。安楽公主はその金で豪壮華麗な別荘定昆池《ていこんち》をつくったし、また彼女のスカートは一億銭であったという。当時の米の価値が一唐斗（約三升）三銭であったことを思えば、そのぜいたくのほどがしのばれよう。

やがて韋后と安楽公主は、中宗がふさぎこんできたので、ついに帝を毒殺してしまう。この集団的女禍は、若き日の玄宗が近衛兵を手なずけ、星のふるような夜、宮中にきりこみ、夜明けまでにことごとく切りたおしたことでやっとその幕をとじた。

玄宗と高力士

君主専制政治において、王朝の永続をはかるためには、必ず一度は断固たる血の粛清をおこなわねばならない。そのことによって、今まで同等と思った連中も恐怖を感じてたちまちに平伏し、はじめて権力者としての地位がゆるぎないものになるのである。もしそれで評判をおとせば、あとからおもむろに栄光と名誉でかざれば人民は感謝し、逆に君主の名声は倍増する。

このように不合理が合理に、悪が善に優先するところに権力が成り立つ。この悪役は王朝の場合、たいてい始祖がおこなうのが普通で、漢の高祖、明の太祖はそれぞれその役割をはたしたが、唐の場合は則天武后がそれを買ってでたのであった。

唐の高祖がロボットであったことはすでにのべたところであるが、このロボット的性格が唐の天子に共通して見られる別の一面である。当然粛清政治をすべき太宗は話合い政治に熱中してそれを怠った。それどころか、実はこのロボット体制を創作したのがほかならぬ太宗であった。

太宗は、権力をにぎるためには長兄と戦ってこれを殺しているし、また父の高祖に皇帝の位を譲らせているが、これは、権力をもてば自由に皇帝を変更してもよいことを教えたことにほかならない。そして自分の後継者には、この体制をおこなえといわんばかりに天性のロボット型の高宗を選んだのであった。もっともこの場合、話合い政治の理念を固執して、自分の希望より臣下の意見を尊重した結果によったものというべきであろう。

武后はこのロボット体制を十分満喫し、しかも粛清政治の大任をはたしたが、そのかわり彼女は、陰の実力者は女性でもかまわないことを教えた。漢代に見られるような厳しい儒教の婦道から解放されて、世は才女時代であったからである。王妃の上官氏が、宮廷の詩の会に選者として会をぎゅうじったことは有名な事実である。このことが引続き女禍をまねいた。

しからば、若き玄宗によって開かれた開元天宝の政治ではどのようであったか。

実は、玄宗が一本だちになること自体がそうたやすいことではなかったのである。玄宗の父睿宗《えいそう》は武后の第四子だが、中宗と同じく柔弱で、これまた皇帝を免職されて幽閉されていた。玄宗がクーデターをおこしたのは韋后の毒手がのびてきたからである。韋后の専制をにがにがしく思っていた武后の愛娘《まなむすめ》の太平公主《たいへいこうしゅ》は、このクーデターに玄宗を助けたが、それが成功して玄宗が睿宗を復位させると、今度は公主と玄宗が権力の座を争うことになった。武后ゆずりの凄腕をもつこの公主は、クーデターののち睿宗の側に日夜つききりでその相談にあずかり、権力を壟断したからである。

太平公主は皇太子玄宗の聡明を忌んで彼を廃しようと思い、占い師を使って睿宗につぎのように言わせた。「いま天象を見ると、皇太子が帝座をねらっている」と。これをきいた睿宗はすぐ玄宗に位をゆずってしまった。公主としては策士策に溺れる結果をまねいたわけである。

失敗した公主は、つぎの策として睿宗を上皇とし、王家の重要事は上皇の手でおこなうことにして自己の権勢維持をはかった。このときの政局を見ると、宰相七人のうち五人が公主派、また文武の官僚も大半公主派であった。こうして公主派の優位のうちに玄宗派を圧迫したため、そのあいだには緊迫した空気がただよっていた。そして、開元元年七月四日に公主派が蹶起するときいた玄宗は、その前日に先制攻撃をかけ、やっとその勢力を倒すことができたのである。女禍によるロボット体制はまだ尾をひくが、ともかくも、太宗の歿後ここにいたるまで六十余年を経過して一応終わった。

ところで、玄宗が太平公主の一派をたおすとき、その謀略にあずかった有力者のうちに宦官高力士がいた。これ以後、玄宗と力士は形影相ともなうという間柄になるのであるが、ここで簡単に唐の宦官の制度にふれておこう。

唐では、わが宮内庁にあたるものを内侍省と言い、すべては宦官によって運営された。それの外局に五内局がある。女官に関する一切の帳簿をあつかう掖庭局《えきていきょく》、大小の宮門の取締りに任ずる宮闈局《きゅういきょく》、女官の疾病、死亡をあつかう奚官局《けいかんきょく》、輿《こし》や鳳輦《ほうれん》の先導にあたる内僕局《ないぼくきょく》、宮中のテント張り、点燈をつかさどる内府局《ないふきょく》である。内侍省の長官は、首脳である四人の内侍のうち先任者がなる。唐制では三品官は宰相であり、太宗は内侍を四品の官と定めた。これは宦官を宰相の下において権勢をもたさぬようにしたのであろう。もっとも、宦官は四品の官である内侍より昇進ができないかというとそうではない。軍職を兼ねることができたからである。おそらく宮門守護の任から近衛兵との関係もあってのことであろう。宦官が武官職を兼ねることは、あとでもふれるように唐代ではなかなか重大な意味をもつものであった。

高力士は、クーデターの功により三品官である右監門《うかんもん》将軍になり、のち一品官である驃騎《ひょうき》大将軍に昇進した。宰相は三品官であるから、それよりはるかに上である。漢の例によると、太后摂政のとき宦官が多くふえたが、則天武后のときにはそれほどふえなかった。時代の違いである。それが中宗のとき、安楽公主の専権時代にその数をまして、七品官以上の宦官が一千余人になった。さらに後宮の宮妃の数が一挙にふくれあがった玄宗のときは、三千余人にふえたのであった。

内侍がもつ重要な任務に、国家の機密事項については皇帝が内侍を宰相のところにつかわして口頭で伝えるという一項がある。これが宦官の側近者としての地位を重からしめる一因であった。

話を玄宗と高力士にもどそう。元来、唐では行政事務はほとんど宰相が処理し、重要国事については君主の決裁をあおぐたてまえになっていた。ときの名宰相姚崇《ようすう》が、あるとき玄宗に下級官の昇進を上奏した。玄宗は宮殿の屋根を見たまま返事もしなかったので、崇は不興を買ったものとおそれて早々に帰宅した。高力士が玄宗を諫めたところ、玄宗は宰相に政治を委ねた以上、細事には干渉せぬためであると答えたので、力士は崇にそのことを伝えた。崇もこれを聞いて安堵したという。

またつぎのようなことがあった。当時、東北軍閥の巨頭の安禄山と西北軍閥の棟梁の哥舒《かじょ》翰《かん》は、ともに玄宗の寵を争ってことごとに反目した。この蛮族出身の将軍を和解させるため、玄宗はやはり力士を使った。結局これは失敗に終わったが、このように力士は、玄宗が直接顔をだすと困る場合、よく陰の輔佐役としてその任をはたした。

彼はそればかりでなく玄宗の家庭の事情の相談役でもあった。玄宗が陰謀の疑いで皇太子を廃してから、継嗣のことで憂慮しているとき、力士に「汝はわが家の老奴、何故我が腹中をはかり得ざるや」と言った。そこで力士は「大家、いずくんぞかくの如きに聖心を虚労するや、長子を推して立て」と答えたので、玄宗は「汝の言是なり」とくりかえし、粛宗《しゆくそう》の立太子がきまった。

これらの話はいずれも玄宗と高力士の関係をよく説明している。玄宗は、力士が殿中に宿泊した晩は安心してよく眠れると言ったので、以後ほとんど力士は宮中に寝とまりした。不思議な信頼感で結ばれているといえよう。

帝寵によって彼の威勢は内外を圧し、皇太子は力士を兄とよび、諸王は翁と呼んだ。このようにして、唐代の宦官時代は彼にはじまったといえるのである。

近衛兵の掌握

玄宗から数代あとの憲宗《けんそう》のとき、帝が臣下に、玄宗朝の善政が後半になって大きくくずれたきっかけは何かとたずねたところ、普通は天宝十四年の安禄山の反乱からとされているが、真因はそれより以前、開元二十四年に宰相張九齢《ちょうきゅうれい》を解任し李林甫《りりんぽ》を専任にしたときにはじまるという答えであった。まさしく唐の国運をゆがめるきっかけを作ったものは、この李林甫であった。

彼は唐の宗室の出であった。書も巧みであったが、ことに、当時李思訓《りしくん》のおこした豪壮華麗な山水画の五指にかぞえられる名手でもあった。彼が宰相となったのち、その常用した輿や乗馬には鮮麗目もさめるような装飾がつけられ、さすがに美の使徒としての面目躍如たるものがあった。

彼はまた天性の鋭い直観をもつ読心術の大家でもあった。その性格は陰険無比、希代の権謀術策家といわれている。この悪魔的な人物が晩年の玄宗の殊遇をうけた。

玄宗はクーデターののち、名臣たちに十分腕をふるわせ、みずからも女官を宮中から解放したり、節約したり、がまんしてお家芸の諫言をきいたりした。しかし、祖先からつたわる好色と、その芸術家肌の豊かな感受性からは、このような禁欲的な生活がいつまでもつづけられるものではなかった。初めがよかっただけに反動が大きい。限りない浪費、あくことのない求愛、好悪の感情のはげしさ等がこれにとって代わった。そして別人のようになった彼は、ついに李林甫のとりこになったのである。

貧乏くじをひいたのは宦官高力士と剛直な宰相張九齢であった。玄宗が高力士に、一切の政治を李林甫にまかすつもりだとはかったとき、力士が諫めたので、帝はとたんに不機嫌になったといわれる。また、九齢は帝の顔を見ると諫める上に、李林甫の悪魔的性格を指摘して宰相となすべきでないと拒んだこともあって、ついに追放されてしまった。

李林甫が出世した原因は、後宮の宦官、王妃たちと結んで玄宗の動きを手にとるように知っていたからで、とくに玄宗の寵愛した武恵妃《ぶけいひ》にとりいり、その推薦があずかって力があった。武恵妃が皇太子を廃して自分の子をそれに代えたいと欲したとき、すすんで賛成したのも林甫であった。このように宮廷勢力と手をにぎると同時に、彼は手に入れた権勢の永続をはかるために、宰相になっても、官吏の任免権をもつ吏部尚書を手放さなかった。

この吏部尚書の掌握とは別に、李林甫がおこなった人事でついに唐朝の運命を左右したものに、節度使の任命の変更がある。

唐朝では異民族の侵入を防ぐため、主として万里の長城の線にそって東西に九つの軍管区をもうけ、軍隊を駐屯させた。その長を節度使というのである。節度使は同時に、現地自給の原則から、管区内の行政権、徴税権をも持つきわめて重要な官職であった。

唐では国初以来、国境警備の責任者には兵権を掌握させる関係上、謀反などをおこさないよう忠節の念の厚い宰相級の名臣が任命された。そして彼らはこれらの重責を果たしたあと、抜擢されて宰相に任命される例が多かった。当然、重職である節度使の場合にもこの前例が適用されたのである。李林甫は宰相の権力を独占したいという野心から、節度使出身の大物が入閣しておのれの権力が制約されることに大きなおそれを抱いた。そこで節度使が中央に宰相として復帰する道をとざす方法として、玄宗に異民族出身者をこれにあてることを上奏したのである。文官は戦いになると卑怯であるから、勇敢で戦いになれている卑賤な異民族出身の武人が適しているし、それにもともと身分が賤しいから派閥争いの埒外におくことができる、そしておそらく彼らは朝廷のため死力をつくすであろう、というのが表向きの理由であった。

玄宗は喜んでその言をいれ、はじめて安禄山を節度使にしたが、その他の節度使にもみな異民族出身の将軍をあてた。しかも精兵はほとんど北方守備につき、ために内地は無防備にもひとしい状態におかれていたので、不意に安禄山が兵をあげるやたちまち長安が陥されることとなったのである。

安禄山とその部下の史思明《ししめい》のおこした反乱は約九年間つづいた。彼らは一度は長安や洛陽を占領し、帝国を未曽有の大混乱にまきこんだ。その結果、政局の主導権は軍閥の手ににぎられ、ついには帝国の内容も大きく変わることになった。

今日の河北省の北部を本拠地としたこの安禄山の軍隊は非常に強く、領袖を失ったのちもその強固な勢力は温存され、世襲化された封建的な武人集団として以後つねに鳴動をつづけた。この集団を河北の三鎮というが、この三鎮を軸として異民族出身の各地の節度使も軍閥として固定化し、形勢を見て政府側についたり三鎮と合流したりしてたえず不安な政局が展開された。

国内の政治情勢がこのようになっては、国初に定められた文治主義による中央集権制の維持は困難になった。そこで危機感覚のするどい唐朝人は、その政治体制をたくみにきりかえていった。すなわちこの形勢に対応するため、唐朝はある程度の不安をおりこみながら従来の中央集権制を大幅に修正し、思いきって全国を五十余の軍管区に編成がえし、いわば常時臨戦体制をとった。しかし、中央の支配下にはいらぬ軍管区も出てきたため、帝国の支配地域がせばまり、かえって政府の力を弱めることになってしまった。

このような形勢を見ると、唐の皇帝の性格もおのずから変わらざるをえない。安史の大乱も、最後的にはトルコ種のウイグル族の援軍をかりて平定したという弱体さであったから、玄宗に見られた世界帝国の君主といったおもかげは、もはや昔日の夢にすぎなかった。

この唐朝後半の君主のあり方は、わが吉野朝時代に似たふしがなくもない。唐の君主たちは兵乱や外民族の侵入があるたびに、そのつど都おちを余儀なくされた。ただ我が国の場合と違うのは、唐の君主の側近にはいつも宦官がいて行動を共にしたことであろう。

非常事態になると、内臣と外臣とでは君主の信頼の度合がことなってくる。もともと唐の官僚は貴族の独占にひとしかったから、君主への忠節という点では、いざというときに水臭い点が多い。このことが君主をして宦官に頼らしめるようになったのである。それに、君主が地方落ちしたときや、また都にいても不意におこる兵変に、とっさに近衛兵を指揮しうるものがなければならぬ。その点、宦官は制度上、玄宗以来将軍となる資格があったため、近衛兵の指揮権はたえず宦官の掌中におさめられていた。これによって一応皇帝の安全が保たれたが、一面、宦官を強力な存在とするのに決定的な役割をはたした。

初の宦官宰相

宦官の専権は李輔国《りほこく》にはじまる。彼は、粛宗が安史の乱をさけて甘粛省の霊武《れいぶ》にいるときから仕えていた。読み書きそろばんも心得ており、見かけは謹直だが内心は陰険狡猾そのもので、帝の寵妃張《ちょう》氏にとりいってこれと手を結んだ。戦乱のさなかとあって、彼が軍の指揮権を手にする一方、詔勅、重要文書一切をつかさどった。乱がおわって都にかえってからもその体制は持ちこされ、政令にはすべて彼の署名を必要とし、宰相の上奏も彼を通じておこなわれた。のちになって、宰相の要請により、粛宗もようやく彼の越権をといて政治をもとの形に復した。

そのころ隠居していた玄宗は、高力士や皇女、それに歌舞伎役者などの取巻き連中を相手に、往来に面した長慶楼にいて外界の見物をたのしんでいた。父老がはるかに万歳を叫ぶと呼びよせて酒など与えたりしたが、李輔国もこの仲間入りがしたかった。しかし下賤な彼をだれも相手にしなかったので、それ以来、玄宗に怨みをいだき、粛宗との間をさこうとした。輔国は粛宗の病気につけこみ、その勅命といつわって手兵を武装させ、白刃をつきつけて玄宗を宮中奥ふかくとじこめようとしたが、高力士の一喝にあってやめた。そのため輔国にうらまれた力士は、彼の陰謀によってついに雲南に流されることになったのである。

このあと、輔国は宦官の身で兵部尚書（陸軍大臣）を授けられたが、これは唐朝はじまって以来のできごとであった。しかし増長慢はたかまる一方で、つぎに宰相の職をものぞんだがこれは果たされなかった。このころになると、相棒であった張皇后は李輔国の権勢をにくみ、粛宗危篤の枕もとで皇太子をよびつけ、輔国らを除くことを命じた。皇太子は恐れて泣きだす始末であったので、皇后はやむなく一人の王族とはかり、腕力のある宦官二百人を長生殿に待ち伏せさせて輔国とその一味を倒そうとした。この計を探知した輔国らは、逆に太子をあざむいて自己の掌中におさめると同時に、兵を率いて皇后以下をきり殺し、太子を即位させた。これが代宗である。

彼は代宗に「大家はただ禁中におれ、外事は老奴の処分にまかせよ」と言い、ついに念願である宰相となって一切の政治をきりもりした。ここに史上初の宦官宰相があらわれたわけである。代宗は内心不満であったが、輔国が兵権をにぎっているので仕方なく彼を尚父といって敬った。

彼がひきたてた宦官に程元振《ていげんしん》がいた。ところが元振は輔国のおいだしをはかり、代宗もやっと味方を得、輔国を王の位にすすめて壮大な邸宅を与えることにした。この邸宅をもらうと、それまで立てこもっていた宮廷からいやでも出なければならず、権力を失うことになる。彼は涙をながして、先帝に地下でまた仕えようと言ってひきさがった。このたな上げ方式は、権力をとりあげる方法として唐代にはつねに用いられたものであった。

このほかに、一風変った宦官に魚朝恩《ぎょちょうおん》がいた。彼は監軍として地方に駐在していたが、安史の乱に賊軍の占領した洛陽を回復するの功をたて、華族に列せられた。その後吐蕃《とばん》が長安をおかしたおり、逃げのびてきた代宗を保護したのでそれ以来帝の殊遇をうけ、近衛兵を支配下において権勢をふるうようになった。

彼は貴族になるとにわか勉強で経学や文章を学び、どうやら読み書きできるようになったとたんに、「才は文武を兼ぬ」などとうそぶきだした。新築の国子監（大学）で儒教の祭りである釈奠《せきてんさい》祭がおこなわれたときは、みずから高座にのぼって易の講義をしたが、そのおり、宰相をそしり、あげくのはてには国子監の学長になるとさえ言いだして、ここに史上初の宦官大学長が実現した。

このとき、奸智にたけた宰相に元載《げんさい》がいた。代宗はこの元載とはかって朝恩をたおし、安史の乱後ようやくにして宦官の手から兵権をとりあげることができた。

だからといって代宗は宦官を憎んだわけでなく、大いにこれを寵愛した。宦官を使いに出すと、彼らは行き先でチップをねだってくるが、帝は一向に禁止しなかった。ある宦官が王妃の実家に使いに行ったが、帰った彼に代宗がチップの額をきくと意外に少なかった。代宗は怒って、「我が命令を軽んずるものなり」と言いだした。これをきいた当の王妃は、おそれて自分の私物を売って償ったという。

皇帝弑逆

代宗の後をうけた徳宗《とくそう》のとき各地の軍閥が反乱をおこした。その鎮圧のため出動してきた軍隊が長安を通過した際、雨をおかし寒さに苦しむ兵隊に、帝は何一つ労をねぎらわなかった。彼らの憤懣は爆発し、ついに兵変をおこして宮廷めがけて乱入してきた。徳宗は宦官と左右のおつき百人をしたがえ、あわてて陝西省の奉天に逃げのび、ここの城にたてこもった。その間、皇太子はみずから督戦し、賊の矢は徳宗の身辺におち、そのうえ食物がなくなるという有様であった。

さすがに強気の徳宗もこの兵変にこり、いざというときにはすぐ非常措置がとれるよう、ふたたび側近にいる宦官に近衛軍を掌握させることにした。それも、これまでのように便宜的なものでなく、公式に制度としてきめたのである。それが制度化されると宦官はさっそく汚職をはじめた。というのは、地方の節度使に欠員ができると、彼らは職責を利用してその補充に近衛官の上級職を抜擢し、その際、希望者から賄賂として億万という大金をとったのである。将軍たちはその金を富豪から高利で借り、任地におもむいたのち人民から重税をとりたてて返還する仕組みになっていた。

徳宗のつぎの順宗《じゅんそう》は、即位まえから中風にかかって物が言えなくなり、一年ほどで死に、つぎに憲宗が立った。この皇帝は斜陽の唐朝にあって久方ぶりに活きのよいところを見せた君主であった。徳宗は晩年、すべてに懐疑主義におちいり、宰相も廃止して万事自分できりまわし、世情にうといためつまらぬ人物を登用したのであったが、憲宗は行きすぎを是正して宰相を復活した。真夏というのに宰相たちと政治を論じ、ために汗が御衣にしみでるほどであった。

このようであったので、憲宗のとき、各地の軍閥の内紛に乗じてまがりなりにも六十年ぶりで軍閥を一応おさえることに成功した。しかし血筋は争われぬもので、玄宗の場合と同じく後半になって脱線してしまった。戦勝に気をよくした帝は、晩年神仙説を信じて天下にふれて方士《ほうし》を求めた。神仙術は仙術による長命法で、秦の始皇以来、英明な君主がかかりやすい迷信である。長生薬と称してあやしげな薬をつくり、これを常服するとたいてい毒にあてられ、あげくに発狂状態になるのが常であった。このときも仙人に柳泌《りゅうひつ》というものが現われた。この人物の言によると、浙江の霊場天台山は神仙があつまるところでそこには霊草が多いというので、憲宗は泌を台州の知事に任命した。臣下がこれを諌めたところ、憲宗は、たった一州の力で君主が長生きできるのであれば、別に物惜しみする必要もなかろうと退けたという。

長生薬の効果はてきめんに現われ、憲宗は狂気じみて怒りっぽくなり、側近の宦官はそのため往々にして罪をえて死に、手がつけられない状態になった。そして帝は、一日ぽっくりと死んだ。公表では薬のせいとされたが、実は宦官の王守澄《おうしゅちょう》、陳弘志《ちんこうし》が帝を弑《しい》し、他の宦官が結束して彼らをかばって外部にもらさなかったのだと伝えられている。

このあと、皇位継承をめぐって宦官たちは皇太子派と反対派にわかれて争ったが、ついに皇太子派が勝ち、穆宗《ぼくそう》を即位させた。これが、宦官が後継者を擁立する手はじめとなったのである。

この擁立の風をいっそう助長したのは、君主の遊び好きと悪性な病気であった。唐代の異国趣味についてはすでにのべたが、スポーツの一種であるポロもこのとき輸入された。穆宗はペルシアに起こったといわれるこの乗馬球戯が大好きであったが、冬のある日、競技のさなかに宦官が馬からおちるのを見てショックをうけ、順宗の場合と同じく中風にかかり、寝込んでしまった。

穆宗がなかば廃人となっている時につけこんで権勢をふるったのが、憲宗を殺害した宦官王守澄とその懐刀の外臣鄭注《ていちゅう》であった。注は風采はあがらぬが薬術に秀でた姦臣で、守澄が地方の監軍をしていたとき結ばれたという。

穆宗のあとをうけた十六歳の敬宗《けいそう》は、年少のゆえに御しやすいと見られたせいか、王守澄らの反対もなく、長子のゆえをもって無事即位できたが、祖父憲宗についで二番目に弑逆をうけた君主である。

この君主の即位の直前に注目に価する事実がある。宦官たちは、敬宗が幼少であるというので郭《かく》太后に摂政となるべきを申しでた。このとき太后は「昔、則天武后制を称して社稷《しゃしょく》を危うくせり。わが家、世々忠義を守るは武氏の比に非ず。太子少なりと雖《いえど》も、ただ賢宰相これを助け、卿ら朝政に預るなければ、いずくんぞ国家安からざるを患《うれ》えんや」と言い、宦官が作った摂政の詔勅をひきさいた。郭太后によってはじめて漢代の外戚政治、あるいは唐初の女禍の原因となった女主による摂政制に終止符がうたれたのである。やはり、時代の変遷というべきであろう。ただ遺憾なことは、太后がせっかく賢相を要望したにかかわらず、敬宗を助けたものは宦官王守澄らと結んだ姦党の悪宰相李逢吉《りほうきつ》であったことである。

この一味は正義派官僚を一掃すべく、若い敬宗に、彼らが帝の即位を妨げた連中であると讒言した。敬宗はあとになって、父の手文庫からでた書類によって正義派の無実を知り、それ以来すっかり政治に嫌気がさした。それに若さも手伝って朝寝坊はするし、表御座所にも顔を見せず例のポロ遊びにふけり、さらに角力《すもう》に熱中し、狸や狐の夜猟を好んだ。帝の角力好きから臣下たちはぞくぞく力士を献上したが、この力士たちは帝寵をよいことに些細《ささい》なことで宦官たちに暴力をふるったので、宦官たちは大いにうらみ、旧暦十二月の夜ふけに夜猟から帰った敬宗が取巻きの宦官二十八人と車座になって酒をのみ、酔って寝につき燈を消したところを殺してしまった。時に帝は十八歳であった。

宦官の君主観

このあと、敬宗弑逆の一味は宦官の領袖、王守澄らをたおし、その権を掌中に収めようとして憲宗の子を擁立した。守澄らは支配下にある近衛軍を動員し、逆に反徒と目される一味を一網打尽にして新たに敬宗の弟を迎えて即位させた。これが文宗《ぶんそう》である。このときは王守澄ら幹部派の勝利に終わったが、下級宦官が政権を狙ったことは、時代の波である下剋上《げこくじょう》の風潮がついに宦官の世界にもおしよせたことを物語る。

文宗は宦官の専権をにくみ、その絶滅をはかった。しかし、第一回は謀がもれて失敗したので、今度は宦官王守澄の懐刀の鄭注に目をつけ、注と彼がひきたてた陰謀家李訓《りくん》とはかり、守澄と仲のわるい宦官仇子良《きゆうしりよう》を味方につけて守澄を牽制させ、守澄をたおすことに成功した。

つぎに、守澄の葬式に宮廷の宦官をことごとく参列させ、そこで一挙に全滅させる計をたてたが、李訓は鄭注が功を独占することをきらい、注には知らさずに別の謀をめぐらした。唐朝のならわしとして、甘い露がおりると天の瑞兆《ずいちよう》として祝うことになっているが、訓らはこのときも宮殿に甘露が降ったとふれこみ、兵を伏せてあつまる宦官を鏖殺《おうさつ》することにした。しかし仇子良は、会場にきてみると、なんとなくあたりがざわめくのでとっさに陰謀と見てとり、急ぎひきあげてただちに近衛軍をくりだした。子良は文宗が陰謀に荷担していることを知ると、帝を詰問し、一方宰相以下ことごとく逮捕して死刑に処した。ために政府首脳部は一時空になったという。

このあとの状態について『資治通鑑《しじつがん》』は、「これより天下の事、皆北司（宦官の役所）にて決し、宰相は文書を行なうのみ、宦官気益々盛んにして天子を迫脅し、宰相を下視し、朝士を凌暴すること草芥《そうかい》のごとし」と記している。

この異変を「甘露の変」というが、この事件は君主対宦官関係の一つの山場をなすもので、これ以後、武宗《ぶそう》以下最後の昭宗《しようそう》まで五帝みな宦官が擁立するという宦官時代となるのである。

この章を終わるにあたり、いま一度この時代の宦官の君主観を紹介しよう。さきの仇子良が、隠退するにあたって宦官の一党に君主操縦法を教えている。

「天子を暇にさせてはいけない。常にぜいたく三昧にさせてその耳目をたのしませ、それも日々手をかえ品をかえして他事を考える余裕をもたせてはならぬ。このようにして我が輩は志を遂げることができた。君主をしてゆめゆめ読書をさせ、儒者に親近させてはならぬ。もし君主が前代の興亡を見て憂懼《ゆうく》すれば、われらは遠ざけられることになる」

仇子良は宦官出世法を公表した最初の人かもしれぬ。しかし君主を楽しませるにはやはり非凡な才がいることを知るべきであろう。

また、宦官が皇帝をいかに軽んじていたかにつぎの例がある。唐朝最後の昭宗を立てた宦官楊復恭《ようふくきょう》は、昭宗が自分を退けようとしたことを怒り、「ようやくに尊位を得るや、定策国老を廃せんとす、かくの如き心に背《そむ》く門生天子ありや」と言った。定策国老というのは試験官である国家の元老を意味し、門生は受験生のことで、宦官を試験官に、君主を試験によって及落をきめられる受験生にたとえたものである。

しかしこのころは、天下は内乱と軍閥の抗争にあけくれし、天子の廃立も所詮、長安の狭い小天地のできごとであった。

天復三年（九〇三年）、後梁の太祖朱全忠はついに長安の宮廷にのりこみ一挙に宦官数百名をきり殺して宦官を全滅させるにいたったが、同時に唐朝の命数もここにつきたのである。

第五章　官僚と宦官　——明

独裁君主の代行者

ここでは宦官が権勢をふるった最後の王朝としての明代をとりあげよう。

すでにのべたように、十世紀を境として中国社会は大きく変化した。唐代にみられた特権階級である貴族は消滅し、君主と人民がじかに接するようになった。そのことはまた君主権が貴族の掣肘《せいちゅう》から解放されたことを意味したから、君主権はいちじるしく強化され、それと同時に君主の手足となってはたらく官僚勢力の擡頭をうながすことになった。

漢や唐のときでも政治形態は君主専制政治であり、官僚が勢力をもっていたことはいうまでもないが、十世紀以後になると、官僚を構成する基盤が、漢、唐とはいちじるしく違っていることを指摘せねばならぬ。

漢では自由な推薦制が施行され、被推薦者は豪族が主であった。また地方官の場合、政府が任命するのは長官である郡の太守、あるいは県令だけで、属官は太守、県令が自分の一存で自由に任命できたのである。唐では、はじめて試験制である科挙を施行し、それに及第したもののうちから官吏を任命した。これは一見、実力主義による身分打破の制度と見られるが、実は科挙出身者以外に、親の功によって無条件に官吏になれる蔭《いんせい》制、大学である国子監出身者、墨勅による特別任用制など多くの例外があるし、節度使の制ができてからは、その幕僚は節度使が勝手に任命した。そして官僚の主流はやはり貴族で占められていたのである。

その選考規準がつぎのようであったことは、とりもなおさずそれが貴族本位の性格であることを物語っている。その規準というのは、身、言、書、判の四項をさす。身とは容貌スタイルが堂々として威厳のあること、言とは言葉が標準語で明晰なこと、書とは楷書、とくに唐初の名手欧陽詢《おうようじゅん》、虞世南《ぐせいなん》らの書法にすぐれていること、判は文章がすぐれ、すじが通っていることである。官吏はこの四つの条件に該当するもののうちから任命されたのである。いかにも貴族官僚にふさわしい条件といえよう。

十世紀以後の宋代になると事情は一変する。科挙の試験科目は、唐代の場合、詩、文が主であったが、宋代では経学と政治問題を課し、しかも最終試験は殿試といって皇帝が直接試験官となって成績を判定することにしたのである。この殿試の及第者を進士という。中国の慣わしでは、試験にパスすると、その試験官と及第者との間に師弟関係がむすばれることになっている。したがって殿試に及第した進士は皇帝と師弟の関係になることを意味する。そのゆえに、進士出身の官僚はすこぶる誇りをもつようになった。

この名誉ある進士には、俳優、剃髪業など賤民階級をのぞき、原則的には一応人民はみな受験資格をもち、全国のいかなる地域からも参加できた。そしてこれに合格したもののみが官吏に任命され、漢、唐に見られるような特例はほとんどなくなった。その結果、上は大臣から下は地方官の知県まで進士出身にしぼられ、ここに強大な官僚組織が成立したのである。

もっとも進士といえども、官吏の定員関係からことごとく官途につくわけでなく、民間にいて私学の教授をしたり、地方官の私設秘書になったりするが、在朝在野を通じ、進士出身とこれに準ずる教養ある有識者をもって社会の指導層を構成した。これを士大夫階級といい、政治ならびに文化の推進力となったので、この時代には、前代に存した豪族あるいは貴族階級はもはや存在しなかった。

十世紀以後のもう一つの大きな変化は、漢民族対外民族の関係である。唐帝国の崩壊のあと、主として北方民族が長城をこえて攻勢にでて、ついにクビライ・ハーンのひきいるモンゴル民族によって中国全土はふみにじられ、とくに文化ならびに経済面に主導権をもつ揚子江流域とその南方、いわゆる江南の地は元朝の植民地的支配体制下におかれたのであった。内外におけるこのような情勢の下におこったのが明朝である。

明の太祖《たいそ》はもと安徽《あんき》省の一寒村からおこった貧農の孤児であった。その出生地のちかくから漢の高祖がでたので、明の太祖は高祖をまねた点が多いといわれている。たしかに類似性はあるが、しかし違う点もすくなくない。その一つは、漢の高祖が学問、ことに儒学をきらったのに対し、明の太祖はこれを大いに尊重したことである。それは、士大夫階級の支持を必要としたことにもよるが、それ以上に、中国本土における北方民族の追放と、その文化の一掃にあったからである。そのことが儒教による国粋文化主義を正面におしだした理由と思われる。

つぎに、漢の高祖は長安占領当時、秦の煩瑣《はんさ》な法令を一切廃止して、きわめて簡単な、いわゆる法三章を布告したのに対し、明の太祖は儒者官僚を顧問として、儒教理念からわりだした徹底した君主独裁制と、それをうらづける完璧に近い刑法令をつくりあげた。それについて少しく説明しよう。

太祖が独裁制を確立するためにおこなった改革の一つは、漢、唐に見られた宰相政治を廃したことである。宰相は国政全般を総理して天子を助ける官の一般的称呼で、漢では、正式には太尉、司徒、司空の三公、唐では「同中書門下平章事《どうちゅうしょもんかへいしょうじ》」をさす。宰相がもつべき政治理念については、唐の名宰相張九齢が玄宗をいさめた「宰相は天にかわりて物を理《おさ》む」という簡潔な表現がよく説明している。これは天にかわって世界のすべてのものを秩序づけるということである。皇帝が天に責任をもつことはすでにのべたが、宰相も天に対する責任を皇帝とともに分担するものであり、その限りにおいて君主と対等な地位にあるとされたのである。前漢の宣帝のときの宰相丙吉が、つねに天象の意味のみ考え、市井の瑣事はとりあげなかったということからも宰相の政治姿勢がうかがわれる。そのゆえに、漢代では皇帝が宮廷で宰相を引見するときは御座から起立して礼をうけ、道で会った場合も輿からおりて礼をうけるという慣わしであった。

また、実際に政策を施行するに際して、これまでの宰相は自己に直属する官房を従え、行政事務担当者である各部の長官を総括して皇帝を輔佐することになっていた。

このように、君主は宰相を無視して政治をおこなうことはできない仕組みであった。明の太祖は、皇帝の独裁力を拘束するこの制度を途中で廃止し、各部の長官を皇帝に直結させたのである。その結果、各省の長官は自己の管轄事項のみを処理し、しかもその裁決には皇帝の指示を仰がねばならなかった。

宰相政治の廃止と同様に重要なことは、民政と軍政を区別し、さらに行政事務ならびに官吏の服務状態を監察する監察官制をしいて三権分立を確立し、この三系統を皇帝に直結させたことである。そのうえ地方政治にもこの三権分立制があてはめられ、それぞれの長官をこれまた皇帝に直結し、中央政府の統制はうけなかった。

独裁形態というのは元来、古今東西みな同じ構造であり、すべての機構は縦割り制で、横の連絡は一切とれない仕組みになっている。明朝はまさにその形態を完成したものといえよう。

明では、独裁制を確立するため、政治組織の改変にとどまらず人民の掌握をも考えだした。すなわち、全国的に隣り組の制度をしき、社会の末端まで監視しようというわけである。太祖はこういう風に独裁制をしいた上で、すべての官吏と人民のなすべき行為と、違反した場合の罰則とをこまごまと規定した。この法律が明律《みんりつ》で、日本ではこれが大変よく出来ているというので徳川時代に研究したものが多かった。

太祖は、制度と法律の両面から天下の官民をがんじがらめにしたのち、彼らに専制君主の威力をいかんなく見せつけた。その方法は、いうまでもなく血の粛清である。このやり方は漢の高祖を手本にしたらしく、建国の功労者であった文武の元老たちをほとんど殺してしまった。宰相の胡惟庸《こいよう》のときは関係者三万人が誅され、これをさかいに宰相の制をやめた。また将軍藍玉《らんぎょく》のときは一万五千人が刑死した。

効果はてきめんで、太祖の意図した君主独裁制は確立されたが、その反面責任は皇帝一人が負うという結果になり、ために官民あげての無責任、かつ無気力国家ができあがることになった。

明代の宦官がこの強力な独裁君主の代行をして無気力な社会に君臨したとなると、その権勢がいかにおそるべきものであったかということが容易に理解できる。

失敗した宦官抑制策

明の太祖は漢、唐における宦官専権の事実を知っていたので、極力これを抑える方針をとった。したがって宦官の数もはじめは百名にみたなかったが、のち増員したので、その末年に宦官の職制をさだめ、十二衙門となした。その抑制策としては、宦官が外臣の官職を兼ねることを許さず、その官の身分も各省の次官のつぎにあたる最高四品の位でおさえた。これは唐の官制をそのままうけついだものであろう。

また内外の間に交渉をもたせないように、外部のすべての役所と宦官の役所との間に公文書の往来を禁じた。そのうちとくに風変りと思われるやり方は、内廷の宮門の中に鉄牌《てっぱい》をおいて、それに「内臣政事に干預するを得ず。預る者は斬す」という句をほりつけたことである。いかにも太祖好みの着想といえよう。だが、太祖の死後わずか数年でその望みははかなく破れ、さらに後年になると、それを裏づけるように、大悪の宦官劉瑾《りゅうきん》の手によってこの鉄牌もとりはらわれてしまった。

しからば周到をほこる太祖が自信にみちて断行した宦官抑制策が、なぜかくも簡単に失敗したのであろうか、また太祖の誤算の原因はどこにあったのであろうか。思うに、その真因は宦官抑制策自体よりもっと深いところにあり、その破綻による連鎖反応のしわよせが宦官抑制策までも台なしにしてしまったといえよう。

それは一体なにかといえば、まずその第一は、太祖がおのれの子を王にすること、いわゆる諸王封建にあたって一部の王たちに特別な任務を与えたことにあったと思われる。

太祖は漢の高祖を手本として、功臣をのぞきおのれの子孫のみを王に封じたものの、その先のことになると、はたとゆきづまった。というのは、漢の高祖の場合、諸国に広大な領土を与えたために諸王が権力をもちすぎ、皇帝がこれを抑えようとしてついに皇帝と諸王連合軍とが衝突し、いわゆる呉楚七国の乱がおこったのであった。明の太祖はおそらくこの事実を参考にしたのであろう、地方都市に邸宅を与え、政府が扶持米を給して強大な軍備をもたせないことにした。ここまではよかったのである。しかし、万里の長城の北にいるモンゴル民族の南下をいかにして防ぐかという点でゆきづまってしまった。

歴史に詳しい太祖は、唐の節度使の制度がそれに対する良策であることも知っていたが、反面に節度使が唐朝の命とりになったこともまた熟知していた。そこで北辺防備のために諸王を配置し、諸王丸腰主義もこの地区だけは例外として軍隊をつけたのである。異姓の臣下よりもまだしも血をわけた子孫の方が頼りになろうかということである。だが、漢の高祖より一歩進んだと信じた太祖の思わくはまんまとはずれた。北京には強大な王府をかまえた英傑をうたわれる燕王《えんおう》、のちの永楽帝がいたからである。

その第二は、儒教思想を尊重した結果が次代にどういう影響を及ぼすかを予測できなかった点にある。太祖の長子は在世中に死に、孫の建文帝《けんぶんてい》が皇太孫として次代をつぐことになっていた。その教育係には秀才の儒者官僚をあてた。この皇太孫が前漢の歴史を読み、呉楚七国の乱のところに至って先生にただした、もし現在でも皇帝と諸王との間が七国の乱のような情勢にあったら、敢然諸王を討ってよろしいかと。先生は然りと答えたという。これによって当時諸王中もっとも危険視されていた叔父の燕王と甥の建文帝の衝突は、所詮まぬがれぬ運命にあった。生かじりの歴史知識もさることながら、幼帝の教育を血気盛んな儒者官僚にまかせきりで視野を広く導く老練達識な宰相がいなかったことが、この危機をかもしだしたといえよう。

その第三は、若い幼帝に儒教思想を叩きこんだ結果、一途な青年君主の目に、宦官というものが不潔な亡国的な存在に見えだしたことである。太祖の抑制策ではただ宦官を内廷にとじこめておくという方針にしたのを、建文帝は勘ちがいして宦官を苛酷に圧迫した。何も知らぬ明の宦官たちは、はからずも漢、唐の宦官の罪をつぐなうことになったわけである。宦官たちはその仕打ちを怨み、燕王が彼らをいじめた建文帝に対して兵をあげると、そのうちから王の下に投じて建文帝側の情勢を細大もらさず提供するものがでた。これによって、一時は劣勢におちいった燕王側に決定的な勝因がもたらされることになったのである。

三年余の内戦ののち叔父が勝って即位した。これが永楽帝である。彼は漢人皇帝として史上初の、ゴビ沙漠をこえてモンゴルを討った雄才大略の君主であった。それだけに、太祖が知力をかたむけてつくりあげた国家百年の大計を大幅に修正してしまった。その一つに宦官の重用がある。

それには、三年余の内戦が君臣間にうえつけた大きなしこりを見のがすわけにはいかない。永楽帝が南京にのりこんだとき、彼に仕えるべく出迎えた文武の臣僚は、前年までは敵対勢力であった。永楽帝のような大器をもってしても人間である以上猜疑心をもつ。あるいは人なみ以上であったかもしれぬ。このとき帝に衝撃を与える事件がおきた。帝は名儒のきこえ高い方孝孺《ほうこうじゅ》に即位の詔勅をかかせようとしたが、一徹な彼はそれを拒否したばかりでなく、大胆にも「燕賊位を簒《うば》えり」と大書する始末であった。永楽帝としては、おそらく方孝孺らと通じて指導層である士大夫階級の支持を得ようと考えたのであろう。だが、見事に平手うちをくわされた感があった。

ここにおいて帝は、その対策として秘密警察をつくり、スパイを放って不穏分子の摘発をおこなうことにした。この任を委せられたのが宦官であった。

帝がまだ燕王といわれた時代から仕え、挙兵のときにも大功のあった有名な宦官鄭和《ていわ》がそれにあたった。挙兵にはおそらく建文帝側の宦官も鄭和らを通じて働きかけたに違いない。宦官はみな同一種族社会に属するからである。帝が外臣の査察に腹心の宦官を起用したことも、そう考えればそれなりに言い分のあることであろう。

この秘密警察を東廠という。その場所が東安門外の北におかれたのでその名がでたと思われるが、ここに明一代を慴伏《しょうふく》せしめた恐るべき機関が誕生したのである。

東廠には重罪犯を収容する牢獄があり、番卒千余名がいた。一方、犯罪人の偵探、逮捕その他の部外活動には、別に憲兵隊である錦衣衛《きんいえい》の将校たちがいて東廠の指揮をあおぐことになっていた。その他に永楽帝は勅命で逮捕する詔獄を設け、大臣などの顕官でも有無をいわさず収容した。これを管轄する役所を北鎮撫司《ちんぶし》といい、同様に東廠の区処をうけることになっている。したがって東廠の長官は、宦官の最高官職中、第二番目に位する秉筆太監が当たり、外官では内閣における副首相に匹敵するものであった。この東廠は明朝の終わりまで存続し、独裁君主を背景にその強大な警察権にものをいわせて最後まで猛威をふるったのであった。

永楽帝は宦官に警察権を附与したばかりでなく軍隊の監察権をも与えた。北はモンゴル、南は安南方面にしばしば遠征軍を送ったが、そのつど目付役の監軍として宦官を派遣した。これもやはり帝の猜疑心からでたもので、指揮官の多くはみな太祖朝以来の将軍たちであった。この制は嘉靖年間に一時廃止されただけで明一代を通じて維持され、これまた大きな害悪をもたらした。

ところで永楽帝が宦官に与えた任務のうち、史上前例を見なかったものに国外出使の件がある。実は前朝の元《げん》では、その世界帝国の威力を背景に、北は内陸アジア、南は海上を通じて東西の交流、貿易が盛んにおこなわれ、とくに南海貿易には中国商人も加わり、盛んにかの地にでかけた。この風潮に反し、明の太祖は鎖国主義をとり、中国人の海外渡航を一切厳禁したのであった。この太祖の方針に反撥するかのように、なぜ永楽帝が突如として海外に目をむけるに至ったかはよくわからない。ただいえることは、帝の燕王時代の環境に負う点があったのではないかということである。

帝のいた北京は元朝の都であっただけに、雑多な人種が居住する国際的な都会であった。おそらくそのせいもあって、帝に仕えた宦官たちも人種の見本市の観があった。鄭和は雲南生まれのイスラム教徒であったし亦失哈《イシハ》は女真人、海童《ハイトン》はおそらくモンゴル人であろう。それに帝は安南人の宦官も寵愛している。その他無名の宦官には朝鮮人をはじめ数々の人種がいたと思われる。

これらの宦官がそれぞれ自国の事情を帝にきかせたとすれば、帝の海外熱も大いにかきたてられたと考えられぬことはない。このうち鄭和の遠征はとくに有名である。彼は、長さ四十八丈、広さ十八丈の大船六十二隻に士卒二万七千八百余人を分乗させた大船隊を率い、インド洋から遠くペルシア湾、アラビア海方面まで進出し、しかも二十五年間に七回も敢行している。

その寄港地も東南アジアのほとんどにわたっていて、今日でもイスラム文化圏に包括されるところである。この遠征は一面、イスラム教徒であった鄭和の巡礼行でもあったようで、そのことは彼の使者が聖地メッカに行っていることによってもうかがわれる。

帝はまた宦官侯顕《こうけん》をチベットに派遣している。これは、当時有名なラマ教の有識の僧で神秘な幻術をおこなうラマ僧ハリマを招聘《しょうへい》するためであった。

一方、満州には女真人宦官の亦矢哈を派遣した。彼は一万二千の兵と五十隻の兵船をひきいて満州の吉林で乗船し、松花江をくだり、さらに黒竜江を河口近くまで下った。そこに永寧寺を建て、同時にその建設のいわれを書いた石碑もたてた。それは漢文、蒙古文、女真文、チベット文の四体で書かれてある。後年、わが間宮林蔵《まみやりんぞう》がこの地を探検しているが、それよりもこの石碑文が奇しくも現代史的意義をになうに至った事情を特筆せねばならぬ。

実は、この碑の学術的研究をはじめて世に問われたのはわが故内藤湖南博士であった。一九〇〇年（明治三十三年）に出された「明東北疆域辨誤《みんとうほくきょういきべんご》」というこの論文は、先生の処女作でもあった。わが国が一九三一年満州を占領したその翌年、国際聯盟は実状調査のためリットン調査団を派遣してきた。このとき、中国側は満州の地が歴史的に中国の領土であることを証明するために、急いで『東北史綱』という学術書を刊行した。この中にこの永寧寺の碑文を引用して、明初以来満州の地が中国の領土であった証拠とし、さらに敵方である日本人学者「内藤虎次郎ですら明確にそれを証明しているではないか」と先生の論文を引用したのであった。実をいうと、このときまで内藤先生以外にこの碑文を研究した学者はなく、中国の学者もだれ一人知らなかった。

永楽帝の宦官派遣はまことに奇妙な種をまいたものである。

宦官学校

むかしから宦官は無学なものとされている。そこで宦官勢力に包囲された唐の君主は、彼らの無知を利用して、臣下と密議をするとき、互いに詩をつくり、それによって相談しあった。これにあわてた宦官たちは、さっそく詩のわかる女官をはべらしてこれに対抗したという。

明の太祖も宦官が政治にたずさわることを恐れたから、積極的に宦官の読書を禁じた。もっとも、無学だからといって権勢をもたないかといえば必ずしもそうとはかぎらず、あとで猛威をほしいままにした宦官魏仲賢は目に一丁字もなかったし、同じく劉瑾も無学に近い方であった。

ところが名君とうたわれた五代目の宣宗のとき、突如として宦官学校が設立された。内書堂というこの学校について、顧炎武は『日知録』においてつぎのように非難を加えている。

「わが太祖深く宦寺の弊にこり、内官に命じて字を識るを許さなかった。永楽以後、この令行なわれず、宣徳中内書堂が設けられた。宣宗は諫をいれ言を求めたが、廷臣のついに内書堂のことに論及するものがなかった。その結果、筆をとる宦官を増上させることになり、その尊貴は内閣にひとしからしめ、大権はその手におち、もはや回収することを得なかった。

結局、内書堂がその禍因ではなかったか」

たしかに内書堂の設立は顧炎武の指摘するとおりの弊害をもたらしたが、それをさらにほりさげてみると、あとでのべるように、太祖が宰相政治を廃してまで君主独裁制の強化をはかったところにその真の原因があったように思われる。

宦官学校には、生徒として十歳以下のもの二、三百人を収容して読書を教えた。司礼監の提督が校長になり、その下には六人ないし八人の学監ともいうべき「学長」がいて監督にあたる。この学長は年長の勢力あるものがなり、教師には堂々たる翰林院の学士を招いてこれにあてた。宣徳四年には礼部尚書（文部大臣）で大学士の肩書のある陳山《ちんざん》が教師になっている。もっともこの場合、宣宗が陳山の無学で貪欲な性質をきらい、故意に宦官学校の先生にしたといわれている。教師ははじめ長安右門から入って帰りは北安門から出たが、のちは往復ともに北安門を通るようになった。教師に対する束脩《そくしゅう》（入門の謝礼）には白蠟、手布巾、香が贈られる。

生徒の教科書は内令（内廷規則）、百家姓、千字文、孝経、それに四書（大学、中庸、論語、孟子）、千家詩、神童詩の類で、これを順に官費で給する。その成績は、本の暗記力、音読力、習字の巧拙できめた。このうちとくに成績の悪いものと規則を犯したものは、教師が成績表に記入して提督に渡す。些細な過失は学長が罰にものさしでなぐり、重いものは孔子の像の前でひざまずかすのである。それでこりないものにはつぎのような罰を科した。まず孔子の像の前で直立不動の姿勢をとらせ、つぎにそのままの形で腰を前にまげ、両手を両脚にかけた姿勢をさせる。そして数本の線香がもえつきるまでじっとその姿勢を続けさせるのである。その間、少しでも身体をまげるとものさしが雨あられと飛び、大抵のものは線香半本か一本分でぶったおれ、中には病気になる者もでるという残酷なものであったらしい。

生徒たちにはまだ日課がある。夕方に授業が終わるとき組別けして漢詩をつくらせる。「雲淡く、風軽し」といったきまり文句であるが、ともかく四季を按じ、風景に従って韻《いん》をふませるのである。これが終わると列をくんで帰る。この行列が道を通るときは、宦官の老大官以下みな立ちどまって敬礼するものとされていた。また学校は月の一日、十五日、それに祭日は休みであった。

この内書堂出身の宦官は「正途《せいと》」といわれ、まさに外部の科挙出身に匹敵するものであった。そのうちの秀才は、いずれは中枢部に勤務することになるのである。道で若い内書堂出身のものに他の宦官がゆき会うと、年長者でも頭をさげるのがならわしであったという。この内書堂の設立がきっかけになって、宦官に多くの知識人を生むようになったのであろう。女囚の獄で生まれた孝宗が九歳になったとき、この皇太子に老宦官の覃吉《たんきつ》が四書や古今の政典を口授したが、彼もおそらく内書堂出身の宦官であろう。このようであったから、明代の宦官には詩文集をのこしているものも見うけられるようになった。

宣宗がなぜ宦官の教育を思いたったかということは正確にはわからない。聡明であった宣宗は、大学士の陳山を無学のゆえに内書堂の教授に格下げしたくらいであるから、無知をはなはだ嫌ったのであろう。帝は実質的には明朝の三代目にあたるといってよく、帝のときから独裁君主制が軌道にのりだしたものと考えられる。皇帝の決裁を要する上奏文は、いつもうず高くつまれたので、それが内廷にもちこまれれば当然整理しなければならぬ。即位の四年目に司礼監の部局として文書房が特設されたのは、そのことを物語っている。文書房の仕事は皇帝の詔勅、内閣の奏文、各省からの公文書、それに全国からの上奏文および民間からの訴願状を取りあつかう通政司からの文書など、すべて受領整理して司礼監にまわすのである。無学な宦官ではつとまるはずがない。

宣宗の初年には内外に学識高い名臣が多かったが、このとき宦官長である司礼太監に范弘《はんこう》がいた。彼は安南の人で、永楽年間にその地に赴いた将軍張輔《ちょうほ》が美秀な少年たちを宮してつれかえったうちの一人であった。その応対がいかにも閑雅《かんが》であったので永楽帝はこれを寵愛し、学問させたところ、経学や歴史に通じ、またすこぶる達筆であった。そこで帝は、当時皇太子であった仁宗《じんそう》に近侍させた。仁宗の死後は宣宗に仕えてまた殊遇をうけ、さらに英宗からは「蓬萊吉士《ほうらいきつし》」と名づけられた。

この范弘と一緒にきた数人の安南の童閹《どうえん》はみな逸材ぞろいで、そのうちの王瑾《おうきん》は宣宗が皇太孫のとき朝夕近侍した宦官である。して見ると、宣宗の宦官教育熱には、この范弘らの進言があったものと考えてよかろう。

ところで、この内書堂の初期出身者のうちから途方もない大物がでた。それは明代宦官専権のトップをきった王振《おうしん》であった。

陰の内閣

太祖の宰相政治廃止によって、これまで宰相が代行していた事務は皇帝がひきうけ、一切の政務を見るべき義務をになうことになった。それに、決裁は皇帝自身が下すたてまえになっているから一日といえども怠ることは許されない。書類を見るだけでもたいへんな重労働であるが、もし怠るとたちまち政務が滞ってしまう。このころの上奏文は、さすがに文の国だけあって美辞麗句で長々とかかれている。しかも、下部から上級機関にまわされるにつれて、そのつど最初の原文を一度写して、それにその機関の意見と処置を書きくわえるから、皇帝のところにきたときはおそろしく長い上奏文になる。清朝のことであるが、若い道光帝《どうこうてい》が即位したてのころ、毎日朝から晩まで内外の上奏文をせっせと読んでは決裁をしていた。しかし、蠅の頭のような細字でぎっしりつまった上奏文が読んでも読んでもいつも数尺の高さよりへることがなかったので、とうとう悲鳴をあげて大臣にその処置をきいたということである。もし正直に書類を見れば、だれでも道光帝と同じようにうんざりすることは必定であった。

こうなると、君主にはどうしても文才のある秘書が必要になってくる。とくに、永楽帝のように地方住いから急に皇帝になった場合、早急には内外のこまかい事情がわからない。そこで天下の秀才のあつまる翰林院《かんりんいん》から英才を選んで、秘書官をかねて相談相手となした。彼らは日中は皇帝の学問所である文淵閣《ぶんえんかく》に執務し、夜は午門の東側にある建物に宿直して不時の呼出しに応ずる体制をとっていた。その職名を内閣大学士と言ったのは、このように特別に宮廷内に常勤したところからであった。

彼らははじめは官等もひくく、正五品の官で、各省の郎中（局長）と同列であった。しかし強大な独裁君主の秘書官であったから、明朝においてはまず有力な側近者であった。内閣大学士はのちには俗に宰相とよばれるようになった。

永楽帝のあとをついだ仁宗のとき、その皇太子時代の東宮職であった楊士奇《ようしき》と楊栄《ようえい》は内閣大学士に任じられたが、彼らは大臣である尚書をも兼職した。これ以来大学士は最高官職になったわけである。彼らはひきつづき宣宗にもつかえ、閣老として貫禄十分であった。

しかし、漢、唐のそれとちがい、大学士には直属の官房もなく、外省からの上奏も彼らを経由するわけではなかった。やはり皇帝の秘書官の性格を維持していたのである。しからばどの点が彼らを重くさせたかというと、主として皇帝が裁決をする場合の案文をつくる点にあった。

元来、皇帝にたてまつる上奏文にはすべて皇帝が一々決裁事項を筆でかきこむのである。これを批答《ひとう》というのであるが、その前に大学士が前もって上奏文を調べ、それに対する適切な処置を考え、批答の原案を作成する。この原案を票擬《ひょうぎ》という。したがって、よほどのことでもないかぎり、大学士が作成した票擬がそのまま批答の内容になるのである。これが大学士をして隠然たる実力者たらしめ、宰相と目せしめるようになったゆえんである。

ここで興味があるのは、この票擬を直接筆をとって起草するものが大学士のうち最右翼に坐ることである。大学士は普通三、四人いて、序列にしたがい首輔、次輔、三輔とよび、首輔が起草し他は傍で助言する。ゆえに首輔が首相、他が副首相ということになる。この首輔が明代ではもっとも権勢をもっていた。しかし明代の俗称宰相は、格式からいえば漢、唐の宰相にくらべるとまず三等宰相というところであろう。もっとも君主の実質的な支配力では漢、唐より上であったから、実の勢力の点では必ずしも漢、唐に劣っていたとはいえない。

　この内閣に対して、陰の内閣とも称すべき存在があった。それは宦官十二監の筆頭をいく司礼監太監である。いまこの官職がそのようになった経過をながめてみよう。

　紫禁城では、皇帝は通常、内廷にいるときは本殿の乾清宮で政務をとり、冬の間は、北京は寒さがきびしいので傍の煖閣にうつる。すべての文書類は、閣臣の票擬がつけられてここにもちこまれてくるわけである。しかしその前に、さらに司礼監太監の手によって整理されることになっている。司礼監太監の筆頭を掌印太監といい、その下に秉筆随堂太監《へいひつずいどうたいかん》が三、四名から、多いときには八、九名いる。この秉筆太監のうち、もっとも帝寵のあついものがさきにのべた東廠の長官になる。これらが陰の内閣の構成員である。このうち、掌印太監が内閣の首輔、東廠の長官が次輔、他が三輔以下にあたるとされている。

　秉筆太監の職務は皇帝の批答を代筆することにある。明では、毎日上呈されるおびただしい文書に一々皇帝が自分でかきこむわけでは決してなく、わずかそのうちの数篇をかくに過ぎない。のこりはすべて、秉筆太監が手分けして、大学士の原案、すなわち票擬の文をそのまま忠実に批答としてかきこむのである。同じ手間をくりかえすようであるが、票擬はあくまで案にすぎず、宦官が清書した場合にのみ正式に皇帝の批答となる。決定権はあくまで君主が持つという精神がそこにはつらぬかれている。

内閣の票擬について補足すべきことや異論があるときは、掌印太監と東廠太監らが協議してそのことを文書にかき、票擬にそえて皇帝に提出する。これを搭票《とうひょう》という。票擬に異論がでるのは、おそらく内閣大学士も知らない天下の秘密情報が東廠の長官によってもたらされ、検討の結果、そこにおのずから内閣とはちがった意見がでてくるからであろう。そこで、掌印太監が皇帝の御前に伺候《しこう》して説明する段取りになる。そうすると、宦官側のつくった搭票が場合によっては票擬の内容を変更して批答の内容となることもあった。宦官専権のひどいときは、この票擬さえなかったほどである。

このようにみてくると、のちに陰の内閣が表の内閣を制圧する要素が、すでにこのころから制度的に潜在していたことが理解できる。側近第一人者の内閣が簡単に宦官にとってかわられたのも、ひとえにこの点にあった。大悪の宦官があらわれて東廠をぎゅうじり、情報を捏造したとしたら、政権の壟断は易々たるものである。

側近政治にあっては、君主への空間的距離の差がそのまま側近者間の権力の差となって現われる。内廷と外廷とをわけている塀の中央に雲台門があり、その左右両傍に二つの門がある。東を後左門、西を後右門と言い、またそれらを含めて平台とも言う。閣臣は、急によびだしがかかるとこの平台のところにきて旨を承け、それより奥に入ることは許されなかった。この後右門をはいると西側にあたって東向きの門があり、それを隆宗門と言う。この後右門と隆宗門の間に影の内閣が事務をとる協恭堂《きょうきょうどう》があり、首相級の掌印太監以下幹部が早朝から夕方までそれぞれの個室につめて執務していた。これら司礼監太監たちには、またそれぞれ宦官の秘書官がついて一切の世話をする。これを掌家《しょうか》というが、まさに殊遇いたらざるはなしというところである。

まことに塀一つを境に、内臣と外臣との間には格段のへだたりがある。これでは君主により近い宦官の方に軍配があがるのは当然であろう。

後年、宦官が専権をふるったときの一場面を瞥見しよう。

大逆魏仲賢は一字も字が読めなかった。そこで皇帝の御座所である乾清宮に陣取り、帝王然とふんぞりかえって、王体乾《おうたいけん》らに文書を高々と読みあげさせては裁決を下したという。これ彼が陰の皇帝といわれたゆえんである。このとき、天子の天啓帝は奥にとじこもって、朝から晩まで、かんな、のこぎりで細工物づくりに熱中していたのである。

明代の閣臣や宦官たちはつねに皇帝の秘書の性格を維持し、それ以上ではなかった。それゆえ、皇帝が特定の個人を寵愛するときだけその人物が権威をふるうことができたが、皇帝から捨てられるとたちまち失脚してしまうのである。官僚組織のなかの個人であることがその原因であったといえよう。したがって明代では皇帝を廃立するとか弑逆をはかることは起こりえなかった。

清流と濁流

明代において権勢をふるった宦官を通観すると、代がさがるにつれて堕落し、やりかたがあくどくなっている。だが、これはなにも宦官にかぎらず、君主をはじめ官僚すべてに通じる現象であって、かくべつ異とするにたりない。要するに、宦官がしりあがりに悪質になっていったことは、政界が腐敗していく度合に正比例しているといってよい。

明代で最初に権力の座についた宦官王振が内書堂出身の秀才であったことは、宣宗が彼を皇太子の英宗づきにして学問、書道の手ほどきをさせていることによってもうかがわれるが、またすこぶるの才物であった。

宣宗の歿後、英宗が幼少であったので、遺詔によって祖母の張太后が後見となった。あるとき、この威張った太后が孫の英宗をつれて北京の功徳寺に参拝し、そのまま三日間いつづけた。王振は后妃が仏寺に遊びに行くのを国の不祥事と考え、功徳寺の後宮に仏像を安置させ、英宗をして太后に母の供養のため仏堂をつくって冥福を祈りたいといわせた。そのため太后が寺へ行っても寝る場所がなくなり、ついに宮中からでることがなくなった。明の学者何良俊《かりょうしゅん》は、「当時名臣なお多きに、宦者をしてこれをなさしむるは歎くべし」と言っている。

王振は英宗に対して厳格な師父の態度でのぞんだ。英宗が学問所にでる日を忘れて西海子《シーハイズ》に遊びに行ったところ、振は太后に上奏して帝を早急に呼び帰らせ、きつくこれを叱り、そのときお供をした女官を不届きというので牢にほうりこんだ。それ以来、英宗は起居のすべてを王振にはかって決めたという。

また彼の留守中英宗の前で簫《しょう》を聞かせるものがいた。振が帰ってくるとあわててかくれたので、「正言をすすめ、正事を談じて聖徳を養うべきに、汝はなんぞこの淫声をもって帝をまどわすや」と叱り、杖罰二十を加えた。さらに、英宗の頭髪を長年すいていた女官に英宗が奉御の官を授けようとしたところ、振はこのような賤しい技《わざ》には金子《きんす》を与えれば十分だと言って止めさせている。このように、英宗の成長には王振の教育があずかって力があった。

正統七年に張太后が歿し、その前後に永楽帝以来の老臣である楊栄、楊士奇らが相ついで死に、あるいは隠退すると、王振はだれはばかることなく権勢をふるいはじめた。彼に反対するものは容赦なく弾圧され、多くの大臣たちが首かせをはめられ、皇城の入口である長安門前に見せものに坐らせられた。一方、彼は宦官族の大御所をもって自任し、皇帝の娘むこ、すなわち駙馬が自分の家の宦官をののしったと聞くや、彼こそは宦官族全体を侮辱するものとして遠く満州の奥地に流し者にしてしまった。こんなこともあって、王振は明代宦官の大先達として後世の宦官から崇拝され、悪逆の劉瑾もこの王振の人となりをしたっていた。

王振の名をとくに高からしめたものは有名な土木の変であった。このころ、モンゴル族のうちのオイラット部に強雄エセンがでて、全モンゴルを統一し、さらに明に重圧を加えてきた。王振は若い英宗をそそのかしてエセン討伐の軍をおこさせたが、あえなくモンゴルの鉄騎に蹂躙され、土木堡《どぼくほ》というところで英宗は捕虜に、王振は戦歿という惨憺たる結果に終わったのであった。この親征は、官僚の反対をおしきってまったく王振の専断でことがはこばれたが、軍中では、彼と話すときは公爵、大臣、将軍らみな膝をついたまま進み、振を怒らせたときは罰として草原に彼らを一日中ひざまずかせていたらしい。しかし、英宗はモンゴルから帰って復位したのちも王振をしたい、彼のために仏寺を立て、その菩提《ぼだい》をとむらったといわれる。

だが、宦官には悪玉ばかりがいたわけではない。この土木の変のあと、北京の宮廷は上を下への大騒ぎとなった。英宗の弟が皇帝代理として群臣に収拾策をはかったところ、一人の官僚が南京に都をうつそうと言いだした。このとき宦官興安《こうあん》がその人物を場外につまみだし、大音声をはりあげて「あえて遷を言うものは斬れ」とどなり、ついに北京籠城に決した。このあと、名臣于謙《うけん》を推薦し、終始彼をかばってエセンの大軍を北京から撃退させ、国祚《こくそ》を安泰ならしめた。

この興安は仏教信者で、遺言によってその骨を臼でつかせて灰となし、仏に供えさせたという。

憲宗の時代には懐恩《かいおん》がいた。彼は高官の家に生まれたが、従兄の兵部侍郎（陸軍次官）が宣宗に誅されたとき彼の家も没収され、そのとき少年であった彼は、宮刑にされて宦官になった。恩は硬骨な正義派であった。憲宗が、さからった一人の官僚を獄に投じ、殺そうとした際、恩は帝をいさめて争い、ついに怒った憲宗に硯をなげつけられた。そのころ直諫で知られた大臣王恕《おうじょ》は、いつも恩のことを感嘆し、「天下に忠義なるはこの人のみ」とほめたたえている。憲宗が晩年に、愛妾万貴妃の言をきいて皇太子の孝宗を廃しようとしたとき、恩はまたもや帝を諫めてついに田舎に追放されてしまった。その後、孝宗の即位とともに呼びかえされ、孝宗朝に活躍した多くの名臣たちを登用している。

孝宗を教育したのは宦官覃吉であった。憲宗が在世中、太子の孝宗に荘園を与えようとしたところ、孝宗に「天下はやがてみな太子のものなり」と言って辞退させたのも吉であり、また孝宗がひそかに仏書を読んでいるとき、皇帝たるものが仏書に迷わされるべきでないと醇々と説いて聞かせたのも吉であった。孝宗は明代中興の祖といわれたが、そのもとはといえば吉の教育法があずかって力があったのである。

このあとまた悪玉宦官がはびこる。その筆頭は武宗朝の劉瑾であった。

武宗は中国の歴代の君主のうちでも奇人伝にいれてよいほどの変わりものであり、ラマ教にこってラマ僧から大慶法王《だいけいほうおう》という称号をもらい、得意然としてチベット語の経文を誦していたのみならず、内廷に豹房新寺《ひょうぼうしんじ》という邪淫の寺院を立て、楽士やイスラム教徒、それにラマ僧らをつれてこの寺にこもり、日夜秘戯と飲酒にあけくれて少しも政務をかえりみなかった。また、江彬《こうひん》という武勇じまんの佞姦《ねいかん》を寵愛し、彬の誘いでこっそり宮殿をぬけだして外城の遊廓にでかけた。そうかと思うと戦争ごっこがすきで、宦官たちのうち弓の上手なものを集めて一軍を編成し、終日喊声《かんせい》をあげてはしりまわり、その騒音は北京の街中にひびいたともいわれる。

江彬は北京の北方、万里の長城の近くの宣府の生まれであったが、宣府に楽士や美人が多いといって帝をそそのかし、ついにこっそりとこの地につれだした。帝は数ヵ月も北京に帰らず、夜ごとに良民の家におしかけては人妻をさらって悦に入っていた。しまいには本ものの将軍になると言ってみずから「威武大将軍総兵官朱寿《しゅじゅ》」となのり、軍装をして東西数千里の間を、険をこえ、風雪をおかして馬でかけまわり、あげくのはて、のった舟が沈没して病気にかかり、それがもとで死んだのであった。

武宗をこのように堕落させた張本人が劉瑾であった。彼は邪悪な宦官七人とくんで悪名を高め、世人から「八虎」といわれたが、鷹犬、歌舞、角力などを武宗にすすめてその淫楽癖を開眼させたのである。彼は帝をあざむいて孝宗朝以来の老臣たちをみな退け、さらに帝が遊びほうけているのにつけこんで周囲をみな腹心の悪党で固めてしまった。その間、皇帝が下す例の批答はみな彼が勝手につくり、文字どおり天下の大権を行使したのである。もっとも彼は無学であったので、批答を私宅にもちかえり、妹むこや町の悪玉と相談してでっちあげ、さらには彼の秘書格になりさがった大学士にその下品な俗語文を訂正させていたのである。

彼は弾圧を強化するために、東廠のほかに憲宗のとき設けられた西廠も総動員し、スパイを市中に横行させて官民をふるえあがらせた。また、宦官の中におのれに反抗するものがあるというので、今度は宦官のための警察である内行廠をおいて圧迫を加えた。

一方、すべては賄賂の額によって事をきめた。ことに辺境守備の将軍たちが失敗したときでも、賄賂をつかうと罪をのがれられたばかりでなく、額によってはかえって昇進するという有様であった。また賄賂を納めた将校クラスの連中に対して、瑾は紙片にただ「某官を授ける」と書いて兵部（陸軍省）にまわしたが、兵部ではそのとおり発令したという。実は憲宗朝のころから職業軍人は堕落する一方であったが、劉瑾のこのやり方はそれに拍車をかけ、以後のモンゴル、女真族との抗争に決定的な失敗をまねく因となった。
劉瑾の専権は、このようにして明の国家の土台をゆるがす禍因を残した。

宦官党の制覇

明も半ばをすぎて世宗の時代になると、政界の様相は大きくかわってくる。すなわち、政権獲得をめざして内閣と陰の内閣とがたがいに結ばれ、また排斥しあい、それを軸として派閥政治が展開されていくからである。

世宗はめずらしく宦官を近づけなかった。君主独裁制においては帝寵のあついところが陽のあたる場所となるが、それが久方ぶりに陰から表の内閣にまわってきた。このとき、世宗の信任あつかった大学士に『鈐山堂集《けんざんどうしゅう》』の作者厳嵩《げんすう》がいた。このころは内閣においても首輔（首相）の権力が他の大学士を圧倒していたのである。つぎのような話がある。

嵩が入閣したとき、首輔夏言《かげん》は嵩がきても席を与えず、交りのしるしの宴も許さなかった。ようやくうけたと思うと一日前に断わり、そのために折角あつめた珍味がみな腐ってしまったという。日をへて、ある日の夕暮れにようやくきたが、それでも一言もいわずに盃を三度やりとりしただけですっと帰ってしまった。嵩が切歯扼腕したことはいうまでもない。そこで帝に讒言したため、夏言は刑死した。このあと王陽明門下の逸材徐階《じょかい》が入閣したが、首輔となった嵩は、今度は自分がされたと同じことを階にしたという。

ここで、明代派閥政治の立役者である言官《げんかん》についてふれておこう。明の太祖は世論を重視し、通政司《つうせいし》をもうけて地方の下級官吏の訴え、また人民の陳情、訴願などを直接受理させた。ために言論は比較的自由であった。その精神が官制の上にも反映し、官僚の監察機関である都察院《とさついん》には御史《ぎょし》がいて、官等は低いが糺弾《きゅうだん》を職務となし、首輔大学士以下、官の高下を問わず手あたり次第やり玉にあげることができた。現代とちがって証拠はいらず、噂だけをもとにしてもよいのである。

この御史のほかに、行政府に目付役として給事中《きゅうじちゅう》という職があった。これも任務、性格は御史とほぼ同じで、これらを一括して言官というのである。彼らは無言でいると職務怠慢になる。そこで、あることないこと絶えず弾劾するので、官吏にとってはまことにうるさい存在であった。

さて、厳嵩は無能なにせ君子で、ただ詩文の才があっただけだが、猪首《いくび》片目のその子世蕃《せばん》は辣腕の大悪人であった。この父子が組んで悪逆劉瑾もおよばぬほどの賄賂政治をおこなった。当然のことながら、この父子はうるさ型の言官をあらかた追放したのである。

この父子の醜聞がつたわり、世宗の信任がおとろえたころ、徐階は嵩にうらみをもつ言官たちを復任させ、嵩父子を弾劾させた。さらに言官のうちに自分の門下生、同郷のものを入れて言論をおのれに有利にし、その力でついに嵩父子を追放することができた。これ以来、言官は派閥の利益のために弁論をふるうようになり、派閥政治がおこなわれだしたのである。徐階は厳嵩の悪政のあとの世なおしをして名声を博したが、そのうち、とくに内廷のむだな行事をやめさせたことは、これに直接利害のある宦官たちにすこぶる反感をもたせた。

徐階の内閣には、次席に高拱《こうきょう》やのちに鉄腕宰相をうたわれた張居正がいた。この高拱はまっすぐな人物であったが、傲慢なところがあり、新たに即位した穆宗の教育係であったところから、それをたのみにことごとに徐階に対抗しだした。しかし、徐派の言官に弾劾されて官をやめ、階もまた嫌気がさして隠居してしまった。

このころ地方には、くびになった浪人官吏がごろごろして再起の機をねらっていたが、それには派閥をつくる必要があり、まず党首をかつぎだすことが先決であった。このとき、周旋屋の邵芳《しょうほう》が不遇をかこつ高拱に目をつけた。彼は浪人たちから軍資金をあつめてまず拱をときふせ、その上で北京にとんで軍資金で珍品をあがない、陰の内閣の宦官たちに贈ってコネをつけた。そのうち拱と親しかった宦官陳洪《ちんこう》がのりだし、彼を通して司礼掌印に賄賂をつかったので、ついに高拱の首相かえり咲きは成功した。

拱は首相になると同時に吏部尚書をかねて、新派閥の浪人官吏をぞくぞくと復活させた。拱とくんだ陳洪も、その勢力を背景に陰の内閣の首班になることに成功した。このように派閥の形式と政権獲得のため内外交結するの状は、まさに刮目《かつもく》すべきものがある。
しかし問題はこれで片づいたわけではない。今度は陰の内閣の方がくすぶりだした。つぎの司礼掌印を自他ともにゆるしていた宦官馮保《ふうほ》は、陳洪が新派閥の力でおのれをこえて掌印の椅子にすわったのを見ておこりだし、その元兇である高拱をふかく怨んだのである。一方、拱は首相になるといばりだして他の閣僚を辟易《へきえき》させたが、次期首相に野心をもやす張居正だけはひたすら低姿勢をとって拱にへつらった。居正はその秀でた容貌と腹までたれたひげとで早くから大器を目され、みずからも豪傑をもって任じていた。拱と居正とは、かつては若手官僚のホープとして許しあった仲であったが、こと政権にかかわるとまた話はちがう。いつのまにか馮保と張居正がしっかり手をにぎり、たがいに表裏して機会をねらうようになった。

この馮保は例の秘薬紅鉛丸を穆宗にすすめた張本人といわれている。この薬のせいもあって帝は急死した。遺詔では、閣臣らによって政局の収拾をはかるべしとあった。そのため宦官たちは冷飯をくわされることを恐れ、ひそかに遺詔に手を加え、馮保とはかるべしと改めた。実はこれにもうらに張居正が一枚加わっていた。この直後、首相高拱は、神宗《しんそう》がわずか十歳なので宦官の専権をまねくことをおそれ、その勢力のしめだしをはかった。居正も表面これを支持したが、裏では、すぐに保に高拱の陰謀を知らせてひそかにその対策を講じさせた。そこで保は皇太后に高拱の専断を訴え、その解任を願いでたのである。

翌日詔がくだされ、百官が正殿に召集された。高拱はいよいよ宦官追放実現と勇んで入廷し、耳をすましてきいていると、なんとそれはおのれの首がとぶという詔勅ではないか。がっくりときた拱は腰がぬけて立てなかった。かたわらの張居正は何くわぬ顔をして拱を抱きおこし、いたわりながら退出したのであった。政変劇にはいつも見られる風景である。

このようにして、新政権の内外は張居正—馮保ラインで固められた。それ以来、張居正の鉄腕政治がはじまった。彼は神宗の東宮時代の教育係であったので、即位後も帝は張先生と呼んでいたが、居正はこの帝にいぜん硬教育をほどこし、なまけないように保がうらから帝を監督した。このラインの力により、皇帝以下官僚、とくに言官たちも沈黙を余儀なくされ、内廷の宦官も不満のまま屈服した。

張居正の十年間の執政は驚嘆すべき業績をあげた。綱紀の粛正、赤字財政のたてなおし、名将を使ってのすきのない防衛体制の確立など賞められるべき数々の偉勲がある。しかし、暗い策謀と権力による圧制が陰影をはらみ、彼の死とともに急激な反動時代がおとずれる。

モンゴル族との間に久方ぶりに停戦協定がむすばれて、明るい平和がおとずれた。国庫は大幅な黒字となり、その上、うっとうしい鉄腕宰相が死んだとあって、世の中は文化の爛熟と相まって一挙に奔放きわまる狂躁曲時代にはいった。

神宗は格子なき牢獄から解放され、人間味を満喫すべく奥にひっこんだままぜいたく三昧にふけった。内閣は張居正なきあと恐妻家の宰相たちの占めるところとなり、全然にらみがきかず、鳴りをしずめていた言官たちは、反動も手伝って、百家争鳴ことごとに行政府を攻撃した。嫌気のさした大臣たちは病を称してぞくぞくと辞職したが、神宗は一向に補充せず、閣臣が一人のときすらあった。それも病欠となると政府はがらあきの状態となり、世はあげて無責任時代となったのである。

万暦もなかばをすぎると、放漫政策のたたりで豊かな国庫もふたたび赤字にかわり、神宗の手許金が苦しくなってきた。このとき、帝に廃坑になっていた銀山の開発をすすめるものがあった。中国の銀山は当時ほとんど掘りつくされ、採鉱費はとった銀の何十倍という経費がかかるのでみな閉山していた。金の欲しい神宗はヤマをはり、宦官を手先に銀山ほりに熱中した。全国に派遣された宦官は、銀など出ないので、物品税その他金になるものを勅命と称して片っぱしから取りたて、ついでに自分の懐をこやし、金持を脅迫し、婦女を誘いかけるなど無責任をきわめた。

この暴政に世論がわきたった。その指導的役割をはたしたものは書院である。万暦のころには書院といって私塾が多くあり、これが民間言論の中心となっていた。それに学者も地味な研究はせず、講学といって各地で講演会をひらいて演説をぶつのである。やがて国をうれえるの士が江蘇の無錫《むしゃく》に東林書院をたて、まじめに朱子学を研究し、同時に時局を批判して政府の無能をこきおろした。これに共鳴する名士は続出し、ここに革新政治を標榜《ひょうぼう》する政党がうまれた。これを東林党という。

当時の官僚は、出身地別によって派閥をつくっていた。安徽省の宣城出身で固めた宣党、江蘇省昆山の昆党、山東省の斉党、湖南湖北の楚党、浙江省の浙党などがそれであるが、彼らには別に政策のちがいがあるわけではなく、利害をもって結成された派閥にすぎなかった。ここに革新派の東林党がのりこみ、綱紀粛正を旗印にかかげて政府の官僚を自派で独占しようとしたのである。

この派を政府に入れたのは、ひとえに正義派の宦官王安《おうあん》の力であった。この攻勢にさらされた在来の利権中心の党人たちは大恐慌をきたし、こんどは逆に宦官に助力をもとめたので、あらたに宦官党が成立した。これを閹党《えんとう》という。ここに政界は東林党と宦官党がするどく対立するにいたった。この紛糾した政局にのりだしてきたのが宦官魏仲賢である。彼の行迹《ぎょうせき》についてはこれまでも断片的にふれたので多くは語るまい。天啓帝の乳母客氏と結んだ彼は、内廷をおさえ、警察機関の東廠をにぎり、これまで宦官の対抗勢力であった官僚の相当数が逆に同調してきたのを背景として、敵対勢力である東林党のリストを作り、ことごとく投獄してしまった。

いまや魏仲賢のひとり舞台である。彼は閹党をひきいて悪虐をほしいままにする。閹党の一人が仲賢は聖なること孔子にひとしいと言い、ある者はまた、いやそれ以上だというので生き神様に祭りあげ、その生祠が全国いたるところにたてられる有様であった。宦官で生き神になったのは、中国史上、彼一人である。

しかしやがて天啓帝の死とともに彼も没落し、同時に斜陽化した明の命運もつきた。最後の崇禎帝は、一人の宦官をともない、首をくくって淋しく果てたのである。

最後の宦官

中国の君主専制政治において不可欠な存在であった宦官のあり方を、彼らのもっとも特徴的な活動をおこなった漢、唐、明の時代についてそれぞれ眺めてきたが、おわりに、宦官の制度が王朝と運命を共にするにいたった清朝の場合について、簡単にふれておこう。

清朝は周知のように、満州からおこって中国を平定した征服王朝であるが、その主体は満州族といってツングース系民族に属する一種族であった。したがって、北京に都して中国を統一した時代とそれ以前の満州時代とでは、彼らの生活は種々の点においてちがっていた。これを宦官について見ると、満州時代、すなわち太祖《たいそ》、太宗《たいそう》の二代の間にはその制度は存在しておらず、順治帝《じゅんちてい》の時になって中国に進駐し、明の制度を多くうけつぐようになってからはじめて宦官の制度も採用したのであった。もっとも当初は、その数も明代にくらべて大幅に削減されている。倹約家であった康熙帝《こうきてい》が康熙四十九年（一七一〇年）に下した勅諭によると、そのときの宦官の数は四、五百人であったから、明末の宦官十万人という数にくらべるとおどろくべき削減ぶりである。しかし、のちには、正確なことはわかりかねるが次第に数を増していき、同治光緒年間（一八七〇〜八〇年）のころには、英人ステントの記録によると約二千人に達していた。

清朝の宦官の職制と任務の内容はほとんど明制のままであった。ただ違うところは、宦官は都よりはなれることができなかったということである。それに明では、皇帝以外は宦官の使用が禁止されていたが、清朝では皇族にかぎり、その身分によって多いのは三十人から、少ないのは四人まで使用が許された。

皇族が宦官を使った事実から考えると、清朝が宦官を使用するようになった理由の一つには奴隷の代用品の意味があったのではないかと思われる。彼らは満州時代に奴婢を使っていたが、当時の中国社会ではすでにこのような階級は存在していなかった。したがって彼らが中国本土に入ってくると、奴婢の代わりに宦官を使うようになったのであろう。

清朝の宦官は、このように比較的数が少なかった上に、康熙、雍正《ようせい》、乾隆《けんりゅう》の諸帝のような英主はもちろんのこと、他の君主たちもまじめに政治をおこなったので、宦官の弊害は清末の西太后時代までほとんど見られなかった。ただ一つ、注目すべき事件として仁宗《じんそう》の嘉慶十八年（一八一三年）におこった天理教の乱があげられる。

天理教というのは宗教的秘密結社である白蓮教の一分派をさす。白蓮教は弥勒仏の信仰をもとにこの世の手なおしをはかるという革命的宗教で、一般庶民に多くの信徒をもっていた。これが仁宗の初年に十年にわたって華北、華中をさわがす大乱をおこした。この乱が鎮定されたのち、分派である天理教徒が、今度は河南北部の滑県と都の北京との二ヵ所で同時蜂起を企てたのであった。このうち北京蜂起の教徒七十人は、農民に変装し、宦官七人の手引きによって紫禁城の東華門、西華門をのりこえ、不敵にも内廷ふかくまですすんだのである。当時第二皇子であった道光帝はみずから鉄砲をとって応戦したが、このとき賊に内通していた宦官はわざと空弾の鉄砲を帝にわたしたといわれる。

なぜ宦官がこの乱に荷担したかというと、当時の宦官は多く河北省の河間地方出身であり、その地には天理教の信者が多かった。そこで天理教徒は河間出身の宦官に働きかけ、その宮廷内部に信者をひろめていたものと思われる。これは宦官がもたらす弊害というよりは、いわば偶発的な事件とみられないこともないが、ことがことだけに、当時の人心に大きなショックを与えた事実は見のがせない。

清朝で宦官の弊害を見たのは、満州貴族の出である西太后のときであった。咸豊帝《かんぽうてい》のあとをうけて即位した同治帝《どうちてい》はわずか五歳であったので、咸豊帝の皇后すなわち東太后《とうたいこう》と同治帝の生母の西太后が摂政となり、帝の叔父の恭親王《きょうしんのう》がこれを助けた。この政治型式は漢代の外戚政治の場合ときわめて似ている。

西太后はすこぶるのやり手で権勢をほしいままにしたが、同時に宦官を寵愛した。そのうち最初に引きたてられた宦官が安得海《あんとくかい》であった。彼は家が貧しかったので、両親の強請で咸豊五年（一八五五年）に十二歳で自宮して宦官にさせられたが、美貌の持主であったところから西太后の目にとまり、わが子のように可愛がられたという。西太后が摂政となると、彼も国事にあずかるようになった。恭親王を讒訴して失脚させたのも彼の力によるといわれている。しかし、同治八年（一八六九年）に西太后の命で山東に出張したとき、彼は出先の官憲に捕えられ、殺された。宦官は都をはなれてはならないという禁制をおかした理由によるものであった。

このあと、西太后は宦官李蓮英《りれんえい》を引きたてた。彼は同治の末から光緒年間にかけて約四十年、太后の信任を得て大いに勢力をふるった。宦官の本場、河間の一無頼の子にうまれた彼は、身をもちくずしたあげく国禁である硝石を売って県の牢獄にほうりこまれた。そのあと靴なおしに転業したが、おもわしくないので、ついに同郷の宦官の手引きで自宮して宦官になったのである。

あるとき西太后が、当時北京にはやった髪の形を自分もしたいと思い、係の宦官に命じた。しかしどれも気にいらなかった。蓮英はこれをきき、北京の芸妓の家にいりびたってその結い方を研究し、西太后の注文どおりに結いあげたのがその寵を得た初めだという。

彼が西太后の威光をかさにきてとりこんだ賄賂の額は、当時の金で五千万円にのぼった。おりしも義和団《ぎわだん》の乱に、彼はその金を土中にうずめて光緒帝《こうちょてい》や西太后らとともに西安ににげたが、これは北京占領の外国連合軍に没収されてしまった。

義和団は白蓮教の流れをくむ秘密結社を中核とするもので、彼らは扶清滅洋《ふしんめつよう》、すなわち清朝をたすけて西洋をほろぼすというスローガンをかかげ、貧苦にあえぐ農民、失業者を煽動し、山東から河北にかけてさかんに排外運動を展開した。一方保守排外の西太后政権も陰でこれを助けたとされている。橋川博士は、李蓮英らの宦官たちがこの義和団の一味とつながりのあったことを指摘しているが、さきの天理教の乱に河間出身の宦官たちの手引きがあったことをあわせ考えると、清末の反乱の一面に宦官が意外にふかく関係していたことが知られる。

ここで異色の宦官寇連材《こうれんざい》についてふれておこう。彼は西太后の所業をせめた十ヵ条にわたる自筆の書状を太后に手渡した。そのうちの主なものをひろって見ると、西太后が軍艦をつくる費用を横流しして営んだといわれる離宮の頤和園万寿山《いわえんまんじゅさん》を廃せよとか、にえきらぬ李鴻《りこう》章《しょう》を解職せよとか、あるいはさらに軍備をととのえて日本と戦えなどであった。また光緒帝には子がないところから、天下の賢者をえらんで皇太子にせよという奇抜なものもあった。激怒した西太后は彼のこの上奏に背後関係のあることを疑ったが、まったく彼一人でなしたことがわかり、ついに彼を日清戦争のおわった翌年、光緒二十二年（一八九六年）に処刑したのであった。

これは新時代の風潮が宦官の世界にも及んだことを物語っている。この風潮はまた一般社会にも反映し、識者の間にもようやく宦官という存在が前近代的であることに気づくものが多くなり、宦官廃止論がとなえられるようになってきた。それについて桑原博士は、一九二三年に、

「シナ人の間に宦官全廃論のおこったのは、おそらく二十余年前に孫詒讓《そんいじょう》らの創唱以来のことであろう。その孫詒讓の論拠は、世界の列強は宦官をおかず、宦官を存するものはトルコのごとき弱国にかぎるというにあったと記憶する」

とのべている。孫詒讓は清末の有名な考証学者であるが、その全廃論のとかれた時期はおそらく義和団の乱のあとのころだと思われる。それにしても、二十世紀の声をきいてようやく宦官廃止論がきかれるようになったことは、この制度が中国社会にいかにふかく根をおろしていたかという証左にほかならない。

一九〇八年、光緒帝の死去と前後して、清代、というよりは中国宦官史において宦官を活躍させた最後の人物ともいうべき西太后が死んだ。そして一九一二年清朝がたおれ、四千年にわたる中国専制君主制に終止符がうたれた辛亥革命の年に、奇しくも西太后の信任をえた李蓮英が、これまた最後の歴史的宦官の名をになって歿したのであった。

終章 I

宦官はなぜ日本に存在しなかったか

宦官はなぜ日本に存在しなかったか——この誰でも抱く疑問について、日本史に素人である筆者は、自信のある解答を用意しているわけではない。しかし、私なりの考えは述べておきたい。

本書のはじめにふれたように、宦官の起源は、一応その社会の古代にもとめるべきであろう。

わが国の古代に関するもっとも古い文献は、いまのところ中国の史書である有名な『魏《ぎ》志《し》』の「倭《わ》人伝《じんでん》」以外にはない。これは正確にいえば『魏志』の「東夷伝《とういでん》」のなかの一部であるが、ここにしるされている東夷の語は、中国史において一つの歴史的世界をあらわしているのである。『前漢書』の「地理志」には、孔子が、将来わが道は東夷の世界におこなわれるであろうと予言したと記されている。

この場合の東夷は、満州、朝鮮、日本（民族的にはツングース民族、韓民族、日本民族）をさすものであるが、儒教はたしかに中国以外では、この東夷の世界にのみおこなわれたのである。

これによってわかるように、東夷の世界には共通した性格がある。その特色を『魏志』の「東夷伝」によって大まかに考えると、東夷の世界は、狩猟＝農耕社会であり、氏族制の社会であったと規定できるだろう。そしてそこには奴婢はいたが、宦官はいなかったようである。

すでにのべたように、同一血族の間では絶対に去勢はおこなわないという鉄則があったから、その社会が氏族制の段階にとどまるかぎり、その社会内部に宦官は発生しないと考えてよい。元来、氏族制社会は、同一祖先からでたという血縁意識で結ばれているからである。

清朝の場合を例にとると、彼らの満州時代は、南方ツングース系に属する氏族制社会であった。彼らが、より原始的な段階にある北方ツングース系の種族を俘虜《ふりょ》にしたときでも、それらを奴婢にはしたが宦官にはしなかった。彼らの文化の様相はちがっていたが、そこには異民族意識はなく、広い意味の氏族意識が働いていたからであろう。

わが国の場合を見ると、古代神話によって知られるように、大和朝廷を中心として、そのなかに出雲族《いずもぞく》や隼人族《はやとぞく》といった異種族が、おなじ系図、すなわち同一氏族として結合されていることがわかる。したがって、そのかぎりにおいて、わが古代社会の内部には去勢、それから派生する宦官が存在する要素がなかったことを知るべきであろう。

東夷系民族の最古のものは、殷民族だと思われる。殷民族と前述の東夷民族を直接むすびつける歴史的根拠は、いまのところ仮定にすぎないが、殷の社会が、わが古代社会と多くの類似性をもつことは内藤湖南博士がはやくから指摘され、白川静博士も認めているところである。

では、なぜ殷代に宦官があったのであろうか。ここで想起していただきたいのは、すでに述べたように、殷がはじめて宦官をもつようになったのは、彼らにとって異民族と考えられていた羌族を征服したときであったという事実である。

私は、この異民族の征服という現象をともなって、はじめて宦官が発生すると考えるのである。トルコのハレムにいた宦官たちも、すべて黒人か白人で、トルコ人にとっては明らかに異民族であった。

わが古代社会においては、異民族との幅の広い接触、あるいは、それらを征服したという事実はついになかった。（朝鮮半島南部との関係は対異民族的性質のものであったとはいえない。）結局、日本の自然環境が島国であったことが、宦官をつくらなかった決定的条件といえるだろう。

なお、わが国がさかんに大陸文化を輸入したとき、宦官の制度をなぜ輸入しなかったかということにもふれておきたい。

このとき輸入された文化は唐のそれであるが、そのうち刑法について見れば、唐の五刑である笞、杖、徒、流、死はたしかにとり入れられたが、宦官の供給源であった宮刑はそこにはいっていない。宮刑は隋の時代に廃されているからである。したがって、わが国では宮刑はついにおこなわれず、当然、宦官も登場しなかった。そのあとに続く仏教文化などの影響からは、このような残酷な仕打ちが、あらたにおこなわれようとはとうてい考えられない。

こう見てくると、わが国が、ついに宦官とは無縁な国であったことが理解されるように思える。

終章 II　現代における宦官的存在

以上宦官というきわめて奇怪な、しかも現在はどこにも実在しない特殊な人間についてのべてきた。しからばそれは、もはやふたたび姿をあらわすことのない過去の悪夢のような存在であったと断言してよいであろうか。

近代精神の持主であれば、この種の設問自体の無稽さを一笑に付すことであろう。たしかに孫詒譲《そんいじよう》が指摘したように、宦官国であった旧中国や古いトルコは、今世紀のはじめに宦官とともに消滅し、過去に宦官をもたなかった国々が今日の世界を指導している。そして現代の通念であるヒューマニズムと合理主義からは、それとまったく相反する性格をもつ宦官が生まれるなどとはとうてい考えられない。

だが、宦官的人間は現代においても依然存在しているように思われる。しかし、それを論じるまえに、いま一度、宦官の発生事情をふりかえってみよう。

殷の神政国家においては、神を背景にした君主がその神聖さを保ち、秘密を保持するために非人間的な宦官をつくりあげ、それを君主に奉仕させたのであった。それは君主の秘書であり、側近者であったのである。秘書という言葉はおそらくセクレタリー secretary の訳語であろうし、セクレタリーはシークレット secret（秘密）からきているのだろう。こうみると、宦官は秘書の元祖だといえそうである。

ところで、最後の宦官国であった清朝やトルコの王朝を殷の国家にくらべて見ると、そこに共通している点が見出される。それは祭政一致ということである。トルコのサルタンは同時にイスラム教の主宰者であったし、明、清の皇帝は儒教を背景にした天の代理者であった。

この宗教的専制国家において、国政を担当する内閣の大臣たちは皇帝の表の秘書であり、宦官は陰の秘書であった。しかも側近勢力としては、君主への距離が近いだけに宦官がより権勢をふるった。その理由は、権力者である君主と国務大臣との間を通じるパイプの連結を宦官が受けもっていたからである。

また、殷と旧中国やトルコの王朝と通じる一般性格が、いまのべたように宗教国家であったとすれば、そのかぎりにおいて非合理主義や反ヒューマニズムが、その世界の支柱になっていたわけであり、このような世界であったからこそ宦官が創造されたともいえよう。

こう見てくると、もはや現代に宦官が存在するはずはないように思われる。

たしかにそうではあるが、宦官の亡霊は今日もなおいたるところに暗躍しているような気がする。なぜなら、宦官を生んだのが権力機構であるとすれば、その形態は過去とちがっていても、世界のどこの国家、社会にも依然として存続しているからである。

もちろん、かつての宦官のように、肉体的に非人間化されるということは今日では考えられない。しかし私たちは、男性の形態はとどめつつも、組織的人間となって非人間化されていくようである。社会のあらゆる領域に組織の網がはりめぐらされ、人々はさまざまな形でそのなかにあみこまれている。現代の大会社は、一つの町、一つの市にも相当する厖大な人間を傭いこみ、彼らを「科学的管理」のもとに組織化している。人々はもはや組織にとっての部分的存在でしかなくなっている。

これはあまりに単純化された見方ではあろう。しかし、たとえば今日のアメリカでは、人間の無性 asexual 化が云々されているようである。そうなれば、組織的人間の非人間化は単なる比喩として片づけられないかもしれない。肉体的にさえ人々は総宦官化しつつあると言えるであろう。

ところで、このように巨大化していく組織に支えられた現代の権力もまた、ますます強大くなっている。専制君主といえば、私たちはいかにも強大な権力をふるったように考えがちであるが、かつての専制君主の権力が及んだ範囲は、今日から考えれば、お話にならないほど貧弱なものであった。そこでは「日出でて耕し、日暮れて止む。帝王の力、我れに於て何か有らんや」などとうそぶきながら、専制君主の権力となんのかかわりもなく日常の生活を営むことができたのである。

それにくらべて現代の権力の強大さはどうであろうか。たとえば伝達のための手段だけをとってみても、新聞、ラジオ、テレビ等々、権力が駆使しうる手段にはこと欠かなくなっている。

強大な権力は秘密を生み、秘密は権力を強大にするというこの一般原則は、今も昔も変わらない。秘密を「情報の独占」と今日的に言いかえれば、なおはっきりするかもしれない。相手の情報をできるだけつかみ、みずからの情報をできるだけ相手から秘匿《ひとく》することが、権力を優位に立たせるのにどれほど必要であるかは、国際問題や近頃話題の「産業スパイ」から私たちの職場にいたるまでの諸現象を思いうかべれば、おのずから理解できるように思われる。

そして、そういうところにはかならず、権力に直属し、その秘密保持のために情報を独占している秘書グループが存在しているようである。あるいはまた、権力者に密着し、公表されない情報を握っていると思われることによって幅をきかす連中がいるようである。こうなると、彼らはもはや宦官的存在と言うほかなくなる。

秘書に対するイメージは、従来のわが国では、せいぜい「鞄持ち」程度のものでしかなかった。しかし、近代経営においては、秘書課（室）、社長室、企画室といった経営層に直属する秘書的機関がしだいに重視されるようになり、その役割も、企業の意思決定に必要な情報を収集・整理する高度の技術と能力をそなえた機関に変貌してきたといわれる。

このような機関が、完備した組織と矛盾した存在ではないことは、宦官が大きな役割をはたした唐代が、中国において行政組織のもっとも整備された時代であったことを思いだしていただければよいと思う。巨大な組織にともないがちな秘密漏洩を防ぎ、下部組織間の対立を調整するために、経営層に直属する機関の役割はますます大きくなると考えられる。

それでは、今日の近代的な秘書機関に、われわれは、かつての宦官がもっていたあのいまわしいイメージを持たなくてすむであろうか。

宦官が専横をきわめた一つの要素に、彼らが君主の私生活にまで深くくいこんでいたことをあげることができる。

ここで注意しておいてよいことは、わが国では、さまざまな組織で「和を以て貴し」としてきたことである。企業は共同体であり、官庁は「一家」のごとくに親密であることがよしとされてきた。冠婚葬祭、喜びも悲しみも、企業なり官庁なり組織における人間関係で結ばれた人々がともに分かち合うものとされてきた。

戦後は、近代的な経営学が輸入されてきて、このような人間関係はたちまち過去のものとして捨て去られそうになった。しかし幾年もたたないうちに経営学も少しかわってきて、人間管理にあたって、単なる科学的管理から、感覚、感情をもった人間として見る人間関係論に向かってきたようである。日本の企業における人間関係を外国の経営学者がかえって讃美するようになり、日本における人間関係を遅れたもの、悪いものと思う必要はないといわれるようになってきた。

それはそれで結構なことであろうが、ただ、私的人間関係が公的なそれと結びつきやすいこと、そしてそのことがせっかく新しい役割として重視されてきた秘書を、悪しき宦官的存在にしてしまう危険がでてきたということが言えるであろう。

権力に直属しながら、今日的な秘書ではなく、単なる「取巻き」として、権力者に的確な情報を伝える能力を欠いた側近が流す害毒が、企業にとって、国家にとっていかに大きいかは言うまでもない。

このように見てくると、権力に直属し情報を独占する側近グループ、この組織としての宦官的存在は、現代においても無縁のものではないと言えよう。

少しく牽強附会に過ぎたかもしれないが、読者のなかには、自分の周りを見まわして、あるいは思いあたるふしのある方もあろうかとひそかに筆者は思っている。

明（1368〜1662）

太　祖 1368	元が滅び明起こる：朱元璋が即位する／胡惟庸，謀反を起こして殺される(1380)／科挙を復活する(1382)
恵　帝 1398	燕王，兵を挙げる(1399)／燕王，京師(南京)に迫る(1401)
成　祖 1402	恵帝焚死し燕王即位／鄭和の南海遠征はじまる(第1次 1405〜1407)／タタール親征(1410)，オイラット親征(1414)が始まる／内偵機関の東廠を設置(1420)／北京に遷都(1421)●『永楽大典』完成(1408)／『四書大全』など編纂(1414)
仁　宗 1424	成祖，北征途上に病死し仁宗立つ
宣　宗 1425	内書堂を設ける(1426)／鄭和の南海遠征(第7次 1430)
英　宗 1435	張太后が死に宦官王振が専権を振う(1442)／土木の変起こる(1449)：オイラットの大軍，明に侵入し英宗捕虜となる
景　帝 1449	皇太后の命により即位／英宗オイラットより帰る(1450)
英　宗 1457	英宗再び帝位につく／錦衣衛の獄を拡張(1462)
憲　宗 1464	湖北に大反乱(1465)／西廠を設け宦官汪直が管理(1477)
孝　宗 1487	●邱濬が『大学衍義補』をたてまつる(1487)／明の四大画家，沈周・唐寅・仇英・文徴明でる
武　宗 1505	宦官劉瑾ら権力を握る(1505)／寧王，反乱を起こし王守仁に平定される(1519)
世　宗 1521	厳嵩，専権をふるう(1542〜1562)／世宗殺害未遂事件(1542)／戚継光，倭寇討伐に活躍(1563)●王守仁，死ぬ(1529)
穆　宗 1566	タタールのアルダン汗を順義王とする(1571)●呉承恩『西遊記』を作る(1570)
神　宗 1572	張居正の改革(1573〜82)／徐階，死ぬ(1583)／文禄の役(1592〜93)／鉱税の害起こる(1596)／慶長の役(1597〜98)／東林・非東林党の争い激化(1611)／サルホ山の戦い(1619)●謝肇淛『五雑组』(1573)，李時珍『本草綱目』(1578)／マテオ＝リッチ北京に教会を立てる(1601)●『金瓶梅』(1617 初版)
光　宗 1620	紅丸の案：光宗，死ぬ
熹　宗 1620	楊漣，魏忠賢を弾劾(1624)●徐光啓『農成全書』(1639 初版)
毅　宗 1627	李自成，乱を起こす(1631)／清の太宗，国号を清と改める(1636)／清軍，李自成を山海関に破る(1644)／清の中国支配はじまる(1644)●董其昌，死ぬ(1636)

中　宗	684	武氏,国号を周と改め帝と称する(690)／中宗復位し国号を復する．武后83歳で死ぬ(705)／皇后韋氏,中宗を殺す(710)
睿　宗	710	李隆基，韋后を殺し睿宗を立てる
玄　宗	712	開元の治始まる／姚崇，相となる(712)／太平公主が謀反を起こし殺される(713)／府兵制すたれ傭兵制始まる(722)／張九齢，中書令となる(734)／李林甫，中書令となる(736)／玄宗，寿王の妃の楊氏を貴妃とする(745)／宦官高力士,驃騎大将軍となる(748)／楊国忠，右相となる(752)／安史の乱起こる(755～763)／楊国忠・楊貴妃殺される(756)●このころ唐詩の全盛：杜甫・李白ら
粛　宗	756	安禄山，殺される(757)／郭子儀ら長安・洛陽を回復(757)
代　宗	762	宦官李輔国，代宗を帝位につける／安史の乱が平定される(763)／宦官魚朝恩が判国子監となる(766)
徳　宗	779	初めて両税法を施行(780)／顔真卿，殺される(784)／宦官の軍政専権が始まる(792)／節度使の勢力もっとも盛ん●杜佑『通典』を作る(801)
順　宗	805	順宗，病身のため憲宗に譲位する
憲　宗	805	節度使を抑圧，唐朝を中興／韓愈，仏骨を迎えるのを諫めて流される(819)●文学者柳宗元・韓愈ら活躍
穆　宗	820	宦官，憲宗を殺し穆宗を立てる／唐，吐蕃と盟約する(821)
敬　宗	824	敬宗，宦官に殺される(826)
文　宗	826	牛僧儒・李宗閔ら争う(830)／甘露の変(835)：宦官の専権が激化する
武　宗	840	宦官仇子良ら武宗を立てる●道士の言で仏教を弾圧(845)
宣　宗	846	宦官，武宗の病に乗じ宣宗を立てる／李徳裕，中央から追われる(846)●白居易，死ぬ(846)
懿　宗	859	宣宗，仙薬を飲んで死に宦官が懿宗を立てる／龐勛が反乱を起こす(868)
僖　宗	873	黄巣の乱(875～884)：黄巣軍長安占領(880)：節度使が割拠
昭　宗	888	昭宗，鳳翔から朱全忠に迎えられ長安に帰って宦官を大量殺害する(903)／朱全忠，梁王となる(903)／朱全忠，昭宗を洛陽に幽閉して殺害する(904)
哀　帝	904	朱全忠，皇族を皆殺しにし16歳の哀帝の禅譲をうけ帝位につく(907)：唐の滅亡

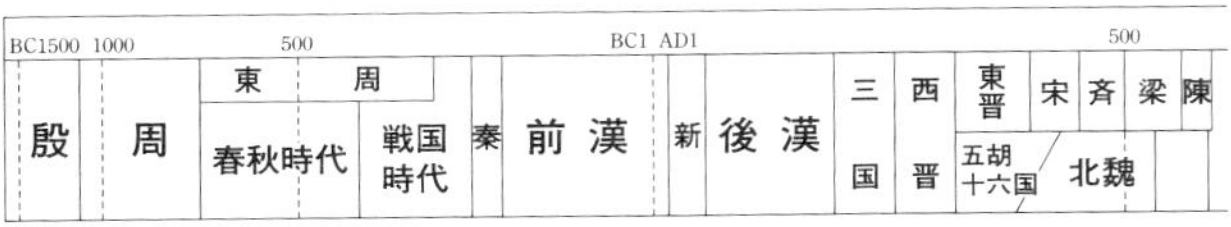

明　帝　57	倭の奴国の使者くる(57)／竇固が匈奴を討つ：西域に漢勢力また進出(73)●伝説では仏教はじめて渡来(67)
章　帝　75	●儒者を白虎観に集め五経の異同を議する(79)：班固『白虎通』を作る
和　帝　88	竇太后，摂政／班超，西域都護(91)／宦官鄭衆の謀で竇憲が自殺(92)：宦官の専権が始まる●班固，獄死(92)：『前漢書』未完，妹の班昭が完成／許慎『説文解字』を作る(100)
殤　帝　105	鄧太后，摂政(105～121)●蔡倫，紙を発明(105)
安　帝　106	西域都護を廃する(107)／楊震，司徒となる(120)
少　帝　125	閻太后，北郷侯を帝位につける
順　帝　125	宦官孫程ら順帝を立てる／宦官19人が侯となる：宦官の勢力増大(125)／宦官の養子に襲爵を許す(135)
沖　帝　144	梁太后，摂政(144～150)／九江の反徒自立し帝を称する(145)
質　帝　145	江西・安徽の反乱が平定される(145)
桓　帝　146	梁氏一族が宦官単超らに滅ぼされる(159)／党錮の獄起こる(166)：宦官が正義派官僚の李膺らを投獄●訓詁学盛ん：馬融・鄭玄ら／安世高らが仏典の漢訳に従事(148)
霊　帝　167	竇皇后，霊帝を擁立／竇武，大将軍となる(168)／竇武が宦官を除こうとして殺される(168)／黄巾の乱起こる(184)●太学門外に石経を立てる(175)／鴻都門学を置く(178)
少　帝　189	袁紹，宦官を皆殺しにする(189)
献　帝　189	董卓，少帝を廃し献帝をたてる／関東の州郡，袁紹を盟主に兵を挙げ董卓を討つ(190)／曹操，兵を挙げる(192)／曹操，袁紹を討つ(199)／赤壁の戦い(208)：劉備・孫権の連合軍，曹操の軍を破る／曹操の子の丕(文帝)が献帝を殺して魏国を立てる．後漢滅ぶ(220)●文人蔡邕，獄死(192)／訓詁学の大成者鄭玄，死ぬ(200)

唐(618～907)

高　祖　618	隋の煬帝が殺され李淵が皇帝となる／新律令を公布し均田法・租庸調法を定める(624)
太　宗　626	貞観の治始まる(627)／長孫無忌，司空となる(633)／魏徴，死ぬ(643)●欧陽詢・虞世南・褚遂良ら書家輩出／玄奘，経典を求めインド旅行『大唐西域記』(629～645)／ペルシアからネストル教伝わる(634)／孔穎達ら『五経正義』編纂(640)
高　宗　649	皇后王氏を廃し則天武后を立てる(655)／長孫無忌ら自殺(659)／政権全く武后に移る(660)／唐の勢力圏最大となる(662)●このころ西域文化流入／仏教・道教ともに盛ん／画家閻立本，死ぬ(673)

中国史略年表

この年表は本文の内容に照らして特に宦官が活躍した前漢・後漢・唐・明の時代だけをとり上げて作成した。

帝称の後の数字は即位の年，（ ）内の数字は該当事項の年を示す。／印の前と後の事項は直接には関係がない。●印を境に，その前を政治上，後を文化上の事項に区別した。：印はその前の事項の補足的説明である。

前　漢（B.C.202～A.D.8）

高　祖	202	項羽が敗死し劉邦帝位につく／都を長安に定める(200)／未央宮なる(198)／韓信，謀反の罪を名に殺される(196)
恵　帝	195	呂太后の専制始まる／蕭何，死ぬ(193)／張良，死ぬ(168)
少帝恭	188	呂太后が実権を握る／呂台・呂産が南北将軍となる(188)
少帝弘	184	呂太后,恭を殺し弘を立てる／呂太后が死に一族滅ぶ(180)
文　帝	180	陳平，死ぬ(178)／匈奴侵入(177)／賈誼，治安策をたてまつる(174)／周勃，死ぬ(169)／宮刑を除く(167)●易学の興隆,儒学の再興／賈誼『新書』を作る
景　帝	157	呉楚七国の乱(154)
武　帝	141	董仲舒，対策をたてまつる(140)／張騫，西域に使いする(139～126)／五経博士を置く：儒教の国教化(136)／衛青，匈奴を討つ(124)／霍去病，匈奴を討つ(121)／武帝，積極政策の失敗を認め輪台の屯田をやめる(89)●司馬遷『史記』を作る(97)／李延年，死ぬ(87)
昭　帝	87	霍光，摂政となる(86)
宣　帝	74	宣帝，霍光に擁立される／霍光の娘皇后となる(70)／霍氏の乱(66)：霍氏滅び皇后霍氏廃せられる
元　帝	49	宦官石顕，中書令となる(47)
成　帝	33	王昭君，匈奴にとつぐ(33)／中書の宦官を廃し尚書を置く(29)／王莽，大司馬となる(8)●劉向『列女伝』を作る(16)
哀　帝	7	●仏教はじめて伝わる(2)／このころ讖緯説盛ん
平　帝	1	王莽，太傅となり安漢公と称し政をたすける(A.D.1)／王莽，平帝を殺し仮皇帝と称する(5)

後　漢（25～220）

光武帝	25	劉秀，帝を称し洛陽に入る(25)／光武帝，中国統一を完成(37)●はじめて太学を建てる(29)

本文中に、「どもり」「つんぼ」「啞」など、現在の人権意識に照らすと不適切とされる差別的表現が使用されています。この作品は、一九六三年に初版が刊行され、多くの読者に読み継がれてきたものであり、作品の価値を尊重し、また著者が他界していることに鑑み、原文のまま収録いたしました。差別意識を助長する意図は一切ありません。また、改版にあたり、ルビを追加し、明らかに誤記と思われるものは修正しました。（編集部）

三田村泰助（みたむら・たいすけ）

1909年生まれ．1933年，京都帝国大学東洋史学科卒．
立命館大学名誉教授．専攻，清朝史．1989年9月，逝去．
著書『清朝前史の研究』（東洋史研究会，1965年）
『東洋の歴史8　明帝国と倭寇』（人物往来社，1967年）
『内藤湖南』（中公新書，1972年）
『世界の歴史14　明と清』（河出書房新社，1969年）
『生活の世界歴史2　黄土を拓いた人びと』（河出書房新社，1976年）

宦《かん》官《がん》 改版
中公新書 7

1963年1月18日初版発行
2012年10月25日改版発行

著　者　三田村泰助
発行者　小 林 敬 和

本文印刷　三晃印刷
カバー印刷　大熊整美堂
製　　本　小泉製本

発行所　中央公論新社
〒104-8320
東京都中央区京橋 2-8-7
電話　販売 03-3563-1431
　　　編集 03-3563-3668
URL http://www.chuko.co.jp/

Published by CHUOKORON-SHINSHA, INC.
Printed in Japan　ISBN978-4-12-180007-7 C1222

中公新書刊行のことば

いまからちょうど五世紀まえ、グーテンベルクが近代印刷術を発明したとき、書物の大量生産は潜在的可能性を獲得し、いまからちょうど一世紀まえ、世界のおもな文明国で義務教育制度が採用されたとき、書物の大量需要の潜在性が形成された。この二つの潜在性がはげしく現実化したのが現代である。

いまや、書物によって視野を拡大し、変りゆく世界に豊かに対応しようとする強い要求を私たちは抑えることができない。この要求にこたえる義務を、今日の書物は背負っている。だが、その義務は、たんに専門的知識の通俗化をはかることによって果たされるものでもなく、通俗的好奇心にうったえて、いたずらに発行部数の巨大さを誇ることによって果たされるものでもない。現代を真摯に生きようとする読者に、真に知るに価いする知識だけを選びだして提供すること、これが中公新書の最大の目標である。

私たちは、知識として錯覚しているものによってしばしば動かされ、裏切られる。私たちは、作為によってあたえられた知識のうえに生きることがあまりに多く、ゆるぎない事実を通して思索することがあまりにすくない。中公新書が、その一貫した特色として自らに課すものは、この事実のみの持つ無条件の説得力を発揮させることである。現代にあらたな意味を投げかけるべく待機している過去の歴史的事実もまた、中公新書によって数多く発掘されるであろう。

中公新書は、現代を自らの眼で見つめようとする、逞しい知的な読者の活力となることを欲している。

一九六二年一一月

中公新書

地域・文化・紀行

t2

560 文化人類学入門（増補改訂版） 祖父江孝男
741 文化人類学15の理論 綾部恒雄編
1311 身ぶりとしぐさの人類学 野村雅一
1731 ブッシュマンとして生きる 菅原和孝
1822 イヌイット 岸上伸啓
92 肉食の思想 鯖田豊之
2129 カラー版 地図と愉しむ東京歴史散歩 竹内正浩
2170 カラー版 地図と愉しむ東京歴史散歩 都心の謎篇 竹内正浩
1604 カラー版 近代化遺産を歩く 増田彰久
1542 カラー版 地中海都市周遊 陣内秀信 福井憲彦
1748 カラー版 ギリシャを巡る 萩野矢慶記
1692 カラー版 スイス―花の旅 中塚裕
1603 カラー版 トレッキングinヒマラヤ 向一陽 向晶子
2026 ヒマラヤ世界 向一陽
1671 カラー版 アフリカを行く 吉野信
1969 カラー版 アマゾンの森と川を行く 高野潤
2012 カラー版 マチュピチュ―天空の聖殿 高野潤
2092 カラー版 パタゴニアを行く 野村哲也
1839 カラー版 山歩き12か月 工藤隆雄
1869 カラー版 将棋駒の世界 増山雅人
1926 自転車入門 河村健吉
2117 物語 食の文化 北岡正三郎
415 ワインの世界史 古賀守
1835 バーのある人生 枝川公一
596 茶の世界史 角山栄
1930 ジャガイモの世界史 伊藤章治
2088 チョコレートの世界史 武田尚子
1095 コーヒーが廻り世界史が廻る 臼井隆一郎
1974 毒と薬の世界史 船山信次
1443 朝鮮半島の食と酒 鄭大聲
650 風景学入門 中村良夫
1590 風景学・実践篇 中村良夫
2182 カラー版 世界の四大花園を行く―砂漠が生み出す奇跡 野村哲也